Écrire un livre
et se faire publier

Groupe Eyrolles
61, bd Saint-Germain
75240 Paris cedex 05

www.editions-eyrolles.com

Dans la même collection :

© Groupe Eyrolles, 2012
ISBN : 978-2-212-55484-7

Laurence Bourgeois

Écrire un livre
et se faire publier

EYROLLES

*« Du moment que vous avez un but,
toutes les réussites sont possibles »*
Paul ARDEN, *publicitaire anglais, 1940-2008.*

Sommaire

Cinquième partie •
Suivre son projet avec son éditeur

Annexes

Introduction

« Les Français ne lisent pas. »

À y regarder de plus près, cette affirmation n'est peut-être pas si infondée que cela. En effet, les derniers chiffres recensés par le ministère de la Culture et de la Communication mettent en avant qu'en l'espace d'une année, trois Français sur dix n'ont lu aucun livre. Par ailleurs, ils sont 43 % à déclarer ne pas avoir déboursé un seul centime d'euro pour s'acheter un ouvrage, quel que soit son genre (roman, recueil de poésie, livre pour enfants, etc.)[1].

Dans ce marasme, une catégorie tire son épingle du jeu : celle des livres pratiques. En 2010, le livre le plus vendu en France, tous genres confondus, a été le guide de Pierre Dukan, *Je ne sais pas maigrir*[2]. Ces ouvrages remportent la palme des livres les plus fréquemment lus, devant les romans policiers, les livres sur l'histoire et les albums de bandes dessinées[3]. Accessibles à tous, privilégiant une approche concrète et pragmatique des sujets qu'ils traitent, ils

---

1. Enquête réalisée en 2008 sur 100 personnes de 15 ans et plus (*source* : ministère de la Culture et de la Communication, DEPS, *Chiffres clés 2011*, Paris, La Documentation française, p. 147-148).
2. Dukan P., *Je ne sais pas maigrir*, Paris, Éditions J'ai Lu, 2010 (*source* : ministère de la Culture et de la Communication, Observatoire de l'économie du livre, *Le secteur du livre : chiffres clés 2009-2010*, mars 2011, p. 2).
3. Sur 100 personnes de 15 ans et plus ayant lu au moins un livre en 2008, 40 % ont lu un livre pratique, 39 % un roman policier ou d'espionnage, 35 % un livre d'histoire et 26 % un album de bandes dessinées (*source* : ministère de la Culture et de la Communication, DEPS, *Chiffres clés 2011*, Paris, La Documentation française, p. 149).

incitent même les plus réfractaires à passer à l'acte d'achat puis de lecture.

Des guides de recettes de cuisine faciles à ceux sur le management participatif, en passant par le énième ouvrage dévoilant les clés du bonheur retrouvé, l'offre de ce type d'ouvrages semble illimitée, donnant l'impression que finalement, tout sujet peut mériter un livre et qu'écrire un livre pratique, quel que soit son thème, est à la portée de tout un chacun. En effet, il n'apparaît pas *a priori* nécessaire de posséder des savoirs ou savoir-faire spécifiques très pointus pour parvenir à concevoir, à partir de données brutes, un ouvrage ayant pour vocation de donner à son lecteur des méthodes et des recettes faciles à appliquer.

La production et la commercialisation croissantes de ces guides aux thématiques infinies et aux titres tous plus accrocheurs les uns que les autres, laissent supposer qu'ils sont promis à un bel avenir et ce, en dépit du développement des nouvelles technologies de l'information et de la communication. Car, s'il est vrai que les recherches sur Google permettent d'accéder gratuitement, en un clic, à tous types d'informations, il est également vrai que le livre pratique sous format papier offre le mérite de concentrer et de structurer une kyrielle d'informations d'ordre technique et pratique, procurant, sans doute, *in fine* au lecteur un avantage sur l'internaute en termes de gain de temps. C'est certainement ce qui explique, par exemple, que les passionnés du monde marin continuent à acheter des ouvrages traitant de la faune et de la flore des bords de mer, alors qu'ils pourraient trouver gratuitement sur Internet (mais de façon séquencée et disparate) toutes les données qu'ils recherchent sur les propriétés des arénicoles de Bretagne ou sur les bienfaits des algues de nos côtes atlantiques…

Nous venons ici de toucher du doigt le fait que le livre pratique répond à un réel besoin d'information de la part des consommateurs (les lecteurs), donc à une demande*[1], et, qu'à ce titre, il s'assimile à un produit de consommation comme un autre qui s'achète et se vend sur un marché* culturel, lieu de rencontre entre l'offre et la

---

1. Les mots suivis d'un astérisque sont définis dans le glossaire en fin d'ouvrage.

demande*. Dès lors, il doit satisfaire aux objectifs de rentabilité fixés par les groupes d'édition, ces derniers se livrant à une concurrence effrénée sur ce segment de marché* très porteur du guide pratique.

« L'édition [étant] un secteur largement méconnu, discret, voire mystérieux pour beaucoup[1] », les interactions entre les acteurs du livre sont loin d'être claires dans tous les esprits. Nous pourrions les illustrer très schématiquement de la façon suivante :

L'articulation entre les trois principaux acteurs de la chaîne du livre

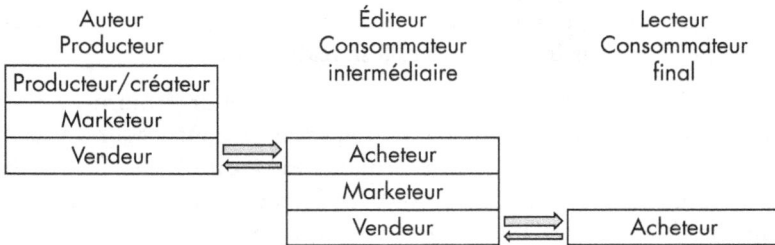

Auteur	Éditeur	Lecteur
Producteur	Consommateur	Consommateur
	intermédiaire	final

Producteur/créateur
Marketeur
Vendeur

Acheteur
Marketeur
Vendeur

Acheteur

Ainsi, au-delà de sa mission première de production créatrice, l'auteur désireux de contracter avec un éditeur devra non seulement faire en sorte que son projet se transforme en un produit fini de qualité, mais il devra également développer une démarche marke-ting* et commerciale structurée lui permettant d'atteindre son objectif de publication*. En effet, dès lors que son ouvrage sera confronté au regard extérieur des éditeurs potentiels et qu'il entamera des démarches en vue de se faire publier, l'auteur devra forcément être imprégné d'une logique *business* puisque ses interlocuteurs seront des entreprises, certes culturelles, mais avant tout des entreprises... Ainsi, la nature même du livre, que le sociologue Pierre Bourdieu qualifiait d'objet « à double face économique et symbolique, [...] à la fois marchandise et signification[2] », implique un double rôle dévolu à l'éditeur, considéré également comme « un personnage

---

1. Eyrolles S., *Les 100 mots de l'édition*, Paris, PUF, coll. « Que sais-je », 2009, p. 7.
2. Bourdieu P., « Une révolution conservatrice dans l'édition », *Actes de la Recherche en sciences sociales*, 1999, n° 126-127, p. 16.

ÉCRIRE UN LIVRE ET SE FAIRE PUBLIER

double, qui doit savoir concilier l'art et l'argent, l'amour de la littérature et la recherche du profit, dans des stratégies qui se situent quelque part entre les deux extrêmes[1] ». Dès lors, comment l'auteur, premier maillon de cette chaîne où produit et consommateur intermédiaire jouent ce double jeu, pourrait-il ne pas être lui aussi investi d'une double mission, à la fois créatrice et entrepreneuriale ?

Dans la première partie de cet ouvrage, j'ai souhaité démontrer que si l'idée d'écrire un livre pratique vous a déjà effleuré l'esprit, alors il serait dommage de ne pas tenter cette aventure passionnante, car il s'agit d'un projet tout à fait accessible, pour peu que vous respectiez quelques prérequis indispensables à sa réalisation.

La deuxième partie vous permettra de comprendre comment une simple idée, apparemment partie de rien, peut déboucher sur un véritable sujet et donner corps à un projet, c'est-à-dire à une démarche opérationnelle de recherche et d'organisation d'informations dans un domaine bien précis. Outre la phase de recherche d'informations, nous y aborderons la construction du plan, élément fondamental pour structurer efficacement votre livre pratique.

Dans les troisième et quatrième parties, nous développerons ce que nous venons d'appeler la mission « entrepreneuriale » de l'auteur. L'objectif n'est pas de vous transformer en de parfaits *businessmen*, mais de vous faire prendre conscience que sans un minimum de sensibilisation aux enjeux économiques qui sous-tendent tout projet d'écriture, de même que sans un minimum de compétences marketing* et commerciales, il vous sera difficile de conclure avec un éditeur et, par conséquent, d'avoir un jour le bonheur de feuilleter votre livre en librairie, même si vous disposez par ailleurs d'un très bon produit.

Enfin, la dernière partie traite des aspects pratiques de la gestion des relations avec cet éditeur que vous aurez réussi à « accrocher », de la signature de votre contrat à votre collaboration avec ce dernier, en passant par les notions de base à connaître sur le statut administratif et fiscal de l'auteur.

---

1. *Ibid.*

10

Cet ouvrage n'a pas la vocation de prédire si vous allez à coup sûr susciter l'intérêt des éditeurs et si le succès sera immanquablement au rendez-vous, mais il vise à vous soutenir dans votre démarche d'écriture et de publication*.

Lorsque l'idée m'est venue d'écrire un premier guide pratique et de le faire publier, j'ai adopté dès le début une démarche structurée qui m'a accompagnée tout au long de ce projet de longue haleine. Je suis aujourd'hui convaincue qu'elle a constitué le principal facteur clé de succès. C'est ce parcours parfaitement balisé que je vous propose de découvrir et de suivre, en y traçant votre propre sillon, et sans jamais vous laisser influencer par les jugements de vos proches.

Alors, si vous avez déjà songé à vous lancer dans une telle aventure, c'est sans doute le moment de mettre toutes les chances de votre côté et de passer à l'acte !

Excellente lecture !

PREMIÈRE PARTIE

Concevoir un livre pratique : un projet à la portée de tous

Les pages qui vont suivre devraient vous convaincre que l'écriture d'un livre pratique, qui peut trouver sa place dans les rubriques sport, informatique, art de vivre, vie professionnelle ou encore développement personnel des rayons de votre librairie, est un projet accessible à tout un chacun, pour peu que vous soyez capable d'identifier un sujet digne d'intérêt, de rechercher des informations pertinentes, de les agencer efficacement et également que vous ayez envie de mener à bien un projet à long terme avec acharnement et persévérance.

Dans cette première partie, qui traite de la phase de conception du guide pratique, je vous propose d'apporter une réponse à ces deux premières questions qu'il est légitime de se poser :

- qui peut écrire ?
- sur quoi ?

Tout le monde peut écrire

Vous rêvez de faire partager au grand public votre passion de longue date pour la pêche à la ligne ou pour les soins de beauté aux huiles essentielles ? Vous avez envie de livrer vos précieux conseils sur la prise de notes rapide ou sur la façon de prendre la vie du bon côté ? Vous désirez transmettre votre expertise en décoration d'intérieur feng-shui ou en management ?

Si tel est le cas, vous vous poserez sans doute un jour tout naturellement cette question : pourquoi ne pas écrire un livre ?

Vous vous en sentez incapable ? Vous ne savez pas par où commencer ? Vous avez la hantise de la page blanche ? Vous vous dites que vous n'êtes pas un grand lecteur et que, de ce fait, vous n'aurez jamais l'aisance de style nécessaire à la rédaction d'un tel ouvrage ? Vous pensez que jamais vous ne pourrez faire partie de celles et ceux qui sont parvenus à intéresser un éditeur ? D'ailleurs, vous vous demandez peut-être même si cela vaut la peine que vous passiez des mois à écrire pour ensuite essuyer les refus des éditeurs que vous allez démarcher…

Précisément, pour toutes ces (mauvaises) raisons, je vous suggère de tenter ce dont vous vous croyez incapable et d'en faire votre objectif. Ce sera certes difficile, mais fortement stimulant et avant tout passionnant ! Suivez les conseils du célèbre publicitaire Paul Arden : « Quand c'est infaisable, faites-le. Si vous ne le faites pas, ça n'existe pas[1]. » Alors lancez-vous ! Votre projet aura au moins le mérite d'exister. Dites-vous bien que RIEN n'est impossible.

---

1. Arden P., *Vous pouvez être ce que vous voulez être*, Paris, Éditions Phaidon, 2004, p. 46.

La raison d'être du livre pratique

Un guide pratique traite des aspects concrets d'un sujet dont il rassemble et structure les informations. Présenté de façon claire et attractive, il donne souvent envie de l'acheter rien qu'en feuilletant ses premières pages en librairie. Peu importe presque le sujet dont il fait l'objet ! Les informations qu'il véhicule s'articulent autour d'une structure (le plan) soigneusement étayée, qui propose au lecteur un cheminement parfaitement balisé.

L'objectif premier de ce genre d'ouvrages consiste à renseigner le lecteur sur un thème ou un sujet précis, soit de façon exhaustive (en collectant une masse d'informations disponibles et en prenant le parti de les traiter toutes), soit en privilégiant un angle d'attaque bien précis (voir p. 32-33).

Quelle que soit votre approche, votre guide doit proposer des conseils, des méthodes, des idées, des règles d'or, des principes de base ou encore des techniques faciles à appliquer. Parsemé d'exemples et de cas concrets, il a pour vocation d'accompagner pas à pas le lecteur, lui fournissant des recettes claires d'application immédiate. Au terme de sa lecture, ce dernier doit, par exemple, avoir en main toutes les clés pour installer son nouvel ordinateur ou pour tailler correctement ses bonzaïs d'intérieur.

La nature même du livre pratique, qui se veut avant tout un support informatif, implique que son auteur soit avant tout producteur d'un support d'information, dont la mission consiste davantage à organiser des données existantes qu'à créer un produit de toutes pièces.

Une écriture d'information

Une chose est sûre : écrire un livre pratique à visée informative ne vous demandera certainement pas autant de créativité que si vous vous lancez dans l'écriture d'un roman policier, d'un poème ou d'un conte pour enfants. Alors davantage qualifié « d'écrivain » que « d'auteur », vous serez amené à laisser votre esprit vagabonder au-delà de l'aspect concret et réel des choses et à « créer des personnages et un contexte imaginaires[1] ». L'auteur de livres pratiques, lui, n'invente pas : il se contente de présenter des informations de façon claire et structurée, « s'effa[çant] derrière l'information qu'il souhaite transmettre[2] ». C'est l'exemple du professeur de finance qui rédige un ouvrage sur l'optimisation des dépenses en entreprise et qui, pour ce faire, adopte la même démarche de travail et le même mode rédactionnel qu'il aurait adoptés pour préparer et délivrer ses cours à ses étudiants.

Dans son *Guide pratique de l'écrivain*, l'écrivain français Paul Desalmand établit un parallèle extrêmement parlant entre l'écriture d'information (qu'il compare à la marche) et l'écriture de création (qu'il compare à la danse). Pour lui, contrairement à la danse, la marche vise à « aller d'un point à un autre, transporter quelque chose, entretenir sa forme, participer à une compétition. Le critère d'appréciation est l'efficacité en relation avec l'objectif fixé. La plus ou moins grande élégance du marcheur n'est pas prise en compte[3] ».

Si, en tant qu'auteur de livres pratiques, vous n'avez pas besoin de déborder de créativité, veillez toutefois à entretenir une approche rédactionnelle originale et différenciante, en véhiculant un rythme, des procédés de style ou des images qui vous sont propres. Nous reviendrons largement sur ce point lorsque nous aborderons la question de la différenciation*.

Pas de profil type

« Les [livres] publiés ne témoignent pas, en règle générale, d'un don particulier ou d'un talent mystérieux de l'auteur » note Bob Mayer dès les premières pages de son ouvrage *Écrire un roman et se faire publier*[4].

Il est vrai que pour se lancer dans un tel projet d'écriture, il n'est pas nécessaire d'avoir le profil du fameux mouton à cinq pattes tant recherché par les recruteurs !

---

1. Desalmand P., *Guide pratique de l'écrivain*, Paris, Leduc. S Éditions, 2004, p. 15.
2. *Ibid.,* p. 14.
3. *Ibid.,* p. 16.
4. Mayer B., *Écrire un roman et se faire publier,* Paris, Eyrolles, 2008, p. 1.

À y regarder de plus près, c'est même un « contre-profil » que nous pourrions dresser. Pour vous qui aspirez à l'écriture d'un guide pratique, vous n'avez en effet nul besoin :

- d'être doté d'un don particulier ;
- d'avoir une imagination débordante, dans la mesure où, s'agissant d'un ouvrage à visée pratique et/ou pédagogique, vous aurez davantage à rechercher, à organiser et à présenter de façon structurée et pragmatique des idées plutôt que de créer une œuvre de A à Z ;
- de disposer d'une expérience démesurée du domaine ou d'une expertise fine du sujet traité. Votre seule motivation vous conduira avec entrain à aller à la pêche aux informations (sur Internet, dans votre librairie ou votre bibliothèque). Il y a alors fort à parier que vous deviendrez rapidement incollable sur le sujet !
- d'avoir fait Sciences Po ou HEC, aucun diplôme n'étant requis pour devenir auteur ou écrivain ;
- d'exercer une profession en lien avec les métiers du livre ou de la culture en général. Je suis absolument convaincue que, comme dans beaucoup d'autres domaines, peu importe d'où l'on vient, peu importent les diplômes obtenus, peu importe le statut social : c'est le travail fourni qui compte, ainsi qu'une grande motivation et une détermination sans faille.

Le livre de votre boulanger sur « les mille et un macarons à créer » a autant de chance d'être publié que celui du comptable de votre entreprise qui traite des « règles de base de la comptabilité analytique » ou encore que celui de votre voisin de palier demandeur d'emploi qui projette d'écrire sur « la recherche efficace d'emploi grâce aux réseaux sociaux » (voir annexe 2).

Des prérequis indispensables

Si, parmi les compétences requises par l'auteur de livres pratiques, les savoirs et savoir-faire sont plutôt limités, certains savoir-être (c'est-à-dire les attitudes et les comportements qu'un individu met en œuvre pour s'adapter à un milieu) sont absolument indispensables pour mener à bien votre projet d'écriture et de publication*.

Ces savoir-être renvoient à la personnalité de l'auteur, à sa structure d'esprit, à sa manière de faire les choses et à sa qualité de relation avec autrui. Selon les cas, ils seront soit à acquérir, soit à approfondir. Ce sont les compétences les plus difficilement modifiables chez un individu. Mais tout se travaille !

Avoir envie d'écrire

Avant de vous lancer, soyez certain que vous ressentez un réel désir d'écrire.

Posez-vous la question de savoir pourquoi cette aventure vous tente. Puisque c'est un point que vous devrez partager à un moment ou à un autre avec les éditeurs qui montreront de l'intérêt pour votre projet, autant engager cette réflexion de fond le plus tôt possible.

Essayer d'identifier vos motivations profondes : quel moteur serait-il susceptible de vous faire prendre régulièrement votre plume et déployer assez d'énergie pour que votre idée initiale donne petit à petit naissance à un réel projet, puis, après de longs mois de travail, à un produit fini ? Nous reviendrons plus largement sur la formalisation de vos motivations dans la quatrième partie de cet ouvrage, lorsque vous serez arrivé à l'étape de présentation et de vente de votre manuscrit à des éditeurs potentiels.

Êtes-vous sûr que votre volonté et votre ténacité légendaires sauront vous accompagner tout au long de ce long périple ? Un bon moyen de vérifier que votre détermination ne vous lâche pas, c'est que vous pensez tout le temps à votre ouvrage, que vous êtes toujours prêt à dégainer votre carnet de notes, en toutes circonstances, dès qu'une idée germe dans votre tête, que vous dénichez une nouvelle information, que vous identifiez un nouveau contact ou que vous notez avec empressement la date du prochain salon du livre de votre région.

Fournir beaucoup de travail, pour un produit de qualité

La ressource temps est essentielle pour réaliser votre étude de marché préalable, pour rechercher vos idées, pour les référencer et les organiser, pour écrire en trouvant les mots justes, pour présenter soigneusement votre projet en vue de sa présentation à des maisons d'édition*, pour relire, toujours et encore… Le projet d'écriture demande énormément de travail, et donc, de temps. « Il s'agit presque d'un métier à temps plein » me faisait récemment remarquer ma libraire Armande B. C'est un projet qui nécessite de vous y consacrer pleinement, en vous inscrivant dans la continuité. Il est préférable de vous ménager une plage de travail quotidienne (même courte) sur une période longue, plutôt que de fournir de gros efforts ponctuels. Je suis en effet convaincue que dans le domaine de l'écriture, comme dans le domaine artistique, une œuvre de qualité, qu'il s'agisse d'un livre, d'une peinture ou encore d'une sculpture, se construit dans la durée.

Les éditeurs s'attachent avant tout à apprécier la qualité de votre projet dès sa première présentation. Comme le précise à juste titre Philip Kotler, auteur de référence en marketing*, « une qualité déficiente est synonyme de mauvaises affaires[1] ». Votre éditeur et vous-même aurez donc beau mettre en œuvre toute une panoplie d'actions de communication et de promotion autour de votre livre, si vous ne disposez pas à la base d'un manuscrit bien rédigé, bien documenté et surtout bien structuré, tous vos efforts seront vains. Dès lors, il est illusoire de penser que vous pouvez vous lancer dans un tel projet sans un minimum de maîtrise des techniques de communication écrite (orthographe, syntaxe*, grammaire, ponctuation, typographie*). Comme nous le verrons dans la quatrième partie de cet ouvrage, votre travail doit être absolument irréprochable lorsque vous le présentez à un éditeur. Si l'écrit n'est pas votre fort, je vous conseille vivement de vous faire aider de proches ou de professionnels qui pourront vous épauler efficacement dans votre démarche. Utiliser le correcteur de grammaire et d'orthographe dans Word est loin d'être suffisant ! Mais la qualité de votre livre pratique ne s'appréciera pas uniquement au travers des aspects « techniques » de communication écrite ; elle passera également par la pertinence des informations qu'il véhicule, par sa qualité rédactionnelle, par la clarté de son plan ou encore par sa mise en forme irréprochable. Nous reviendrons dans les deuxième et quatrième parties de cet ouvrage sur ces aspects fondamentaux.

---

1. Kotler P., *Le Marketing selon Kotler,* Paris, Éditions Village mondial, 1999, p. 17.

Persévérer

Vos proches ou vos collègues de travail diraient-ils spontanément de vous que vous êtes quelqu'un de tenace et d'assidu ? Avant de vous lancer, assurez-vous qu'ils répondraient tous par l'affirmative ! En effet, tous les auteurs vous le diront : le chemin est long avant l'arrivée de votre livre en librairie ; ce délai varie naturellement en fonction de votre rythme de travail et de la nature de votre livre. Dans tous les cas, il est rare qu'il soit inférieur à un an (comptez minimum six mois pour votre travail d'écriture, puis six mois entre la signature de votre contrat et la sortie de votre ouvrage). Vous connaissez sans doute des personnes qui se sont déjà lancées dans un projet d'écriture et se sont arrêtées au milieu du gué, laissant ainsi s'échapper toutes leurs chances de réussite et leur investissement. Je suis absolument convaincue que la différence entre celui qui va réussir et celui qui va tourner en rond réside en grande partie dans l'opiniâtreté dont fait preuve le premier. L'acharnement (dans la phase de réalisation de votre ouvrage), la persévérance (dans la phase de présentation), la ténacité (dans la phase de négociation avec votre éditeur) et l'enthousiasme (dans la phase de vente) sont d'indéniables facteurs de succès.

Avoir confiance

Nombreux sont les commentaires susceptibles de vous décourager lorsque vous évoquerez votre projet d'écriture (et, *a fortiori*, de publication*). Vous devez donc être capable de faire fi des commentaires et des jugements de vos amis, parents, relations, qui vous prédissent que vous n'avez aucune chance de réussir. Il est vrai que sur l'ensemble des projets présentés à une maison d'édition*, il n'y en a, au final, que peu de retenus. Les chiffres mis en avant peuvent légitimement vous alarmer et vous freiner. Dans son *Guide de l'écrivain*, Paul Desalmand estime qu'« une personne sur deux a rêvé à un moment ou à un autre d'écrire un livre. Une personne sur cent passe un jour à l'acte, laquelle s'essouffle très vite dans de nombreux cas. Une personne sur dix mille réussit à se faire éditer à compte d'éditeur[1] ».

---

1. D'après Desalmand P., *op. cit.*, p. 194.

Les chances de succès du livre[1]

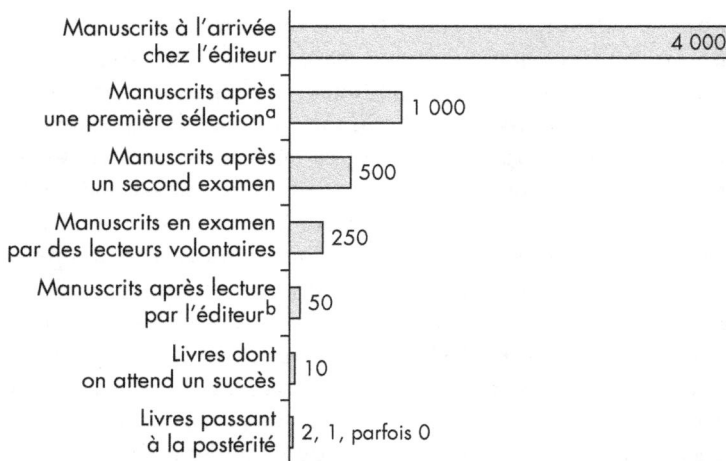

Manuscrits à l'arrivée chez l'éditeur	4 000
Manuscrits après une première sélection[a]	1 000
Manuscrits après un second examen	500
Manuscrits en examen par des lecteurs volontaires	250
Manuscrits après lecture par l'éditeur[b]	50
Livres dont on attend un succès	10
Livres passant à la postérité	2, 1, parfois 0

a. La sélection est faite par des lecteurs extérieurs.
b. Ces 50 seront édités, mais ce nombre peut être réduit du fait de la situation financière de l'éditeur.

Gérer efficacement un projet

Mener à bien un projet d'écriture, quel qu'il soit, implique que vous soyez, selon la terminologie aujourd'hui très largement utilisée dans les entreprises anglo-saxonnes, *results oriented*. En d'autres termes, cela signifie être résolument centré sur la performance, l'efficacité et les résultats, quels que soient les éventuels obstacles qui pourraient venir vous barrer la route, et maintenir le cap pour tenir coûte que coûte vos objectifs.

En tant que gestionnaire de projet, vous avez pour mission d'organiser de bout en bout le bon déroulement d'un projet, c'est-à-dire d'un ensemble d'actions mises en œuvre dans le but de répondre à un objectif défini (par exemple, mettre un point final à votre ouvrage ou décrocher un contrat d'édition), en respectant les délais fixés par votre éditeur (voir la dernière partie de cet ouvrage).

---

1. *Ibid.*, p. 211.

Quelles ressources mobiliser ?

• *Des ressources temporelles* : le facteur temps représente votre principale contrainte, notamment à partir du moment où vous êtes engagé sur des délivrables (résultats attendus d'un projet) avec votre éditeur.

• *Des ressources matérielles* : il vous faut peut-être investir dans un ordinateur, une imprimante, un dictaphone…

• *Des ressources financières* : prenez en compte les frais de reprographie ou d'envois postaux de votre tapuscrit* (texte dactylographié issu d'un logiciel de traitement de texte comme Word) aux éditeurs convoités, l'achat de livres ou de magazines…

• *Des ressources humaines* : elles sont à envisager si vous décidez d'écrire à plusieurs mains ou de faire appel à des spécialistes pour vous épauler dans votre démarche d'écriture, ou bien si vous avez l'intention de faire appel à des proches pour la relecture de votre ouvrage ou à des professionnels pour rédiger une préface*.

S'entraîner à une gymnastique cérébrale

Tel l'artiste désireux de vendre ses œuvres, l'auteur de livres pratiques qui ambitionne de conclure avec un éditeur sait allier un minimum de rationalité, de sens pratique et d'efficacité opérationnelle à sa mission première de création. Pour ce faire, il doit s'astreindre à un minimum de gymnastique cérébrale, en faisant travailler régulièrement les deux hémisphères de son cerveau : le droit et le gauche. Aujourd'hui, la terminologie « cerveau droit, cerveau gauche » est communément utilisée pour désigner les modes de fonctionnement et de pensée dominants chez tout individu :

• le cerveau droit est le lieu des passions, des émotions, de l'imagination, des rêves et de la créativité. Même si nous venons d'établir le fait que le guide pratique fait davantage appel à une écriture « d'information » que de « création », vous auriez tort de penser que pour réaliser un guide pratique, cet hémisphère doit rester en sommeil. En effet, dans la phase de conception, sollicitez votre cerveau droit, pour y puiser les thématiques et sujets que vous prévoyez de traiter. Laissez ainsi votre esprit vagabonder à la recherche de toutes les informations que le lecteur aimerait trouver dans votre ouvrage ;

- le cerveau gauche, quant à lui, est le lieu du raisonnement, de la méthode, de l'analyse et du traitement structuré des informations. Vous le stimulez lorsque vous vous lancez par exemple dans l'élaboration de votre plan (voir p. 57 et suivantes), que vous agencez vos idées, que vous relisez avec attention votre ouvrage ou que vous construisez votre démarche marketing* et commerciale préalable à sa présentation aux maisons d'édition*.

Voici déjà un bon point : nous disposons tous de deux hémisphères cérébraux et, même si nous avons initialement davantage d'affinité avec l'un qu'avec l'autre, il est toujours possible de s'astreindre à une gymnastique cérébrale qui équilibrera ces deux fonctions indispensables à l'auteur.

Tout sujet mérite son guide pratique

Les possibilités de thématiques du livre pratique sont infinies. Jugez-en par vous-même ! Prenez le temps de flâner dans votre librairie : les titres de ces références, tous plus accrocheurs les uns que les autres, vous interpellent sur les mille et une façons de manager efficacement votre équipe, sur les bons tuyaux pour sortir à coup sûr de la crise, sur les recettes de cuisine les plus inattendues ou encore sur les clés du bonheur.

Rendez-vous en annexe 2 pour puiser quelques idées de sujets pour votre premier livre pratique…

À y regarder de près, il est vrai que tout sujet est potentiellement susceptible de trouver lecteur. Le tout est de trouver des sujets dignes d'intérêt, que les lecteurs vont prendre plaisir à lire, et de les aborder de façon pragmatique, claire et pédagogique.

Dès lors, tout sujet peut mériter de faire l'objet d'un livre, qu'il traite de jardinage, de cuisine, de loisirs, de psychologie, de santé, d'animaux ou du monde professionnel.

Écrire sur ce que l'on connaît

Si, comme nous venons de l'expliquer, rien ne sert d'être expert du domaine traité, il est toutefois préférable de savoir dès le départ de quoi on parle.

Trois bonnes raisons d'écrire sur ce que l'on connaît

1. Choisir une problématique dont vous maîtrisez déjà les tenants et les aboutissants ou un sujet sur lequel vous êtes intarissable rendra votre travail de recherche d'informations et d'écriture plus aisé, plus fluide, donc plus rapide et plus efficace.

2. Par ailleurs, vos développements seront plus réalistes, donc plus crédibles pour vos futurs lecteurs qui sont avant tout en quête de vécu.

3. Enfin, tel le candidat qui est reçu en entretien d'embauche par un recruteur disposant déjà d'un *a priori* positif sur lui avant même de l'avoir rencontré (sous prétexte qu'il a fait état sur son CV d'une expérience antérieure acquise dans une fonction similaire ou un environnement proche), l'auteur qui écrit d'expérience ou sur un sujet qu'il connaît parfaitement bien gagne de toute évidence en crédibilité aux yeux d'un futur éditeur.

Écrire sur un sujet connu ne vous dispense pas, bien évidemment, d'effectuer toutes les recherches nécessaires pour donner corps à votre manuscrit, bien au contraire ! Et même si vous pensez maîtriser parfaitement le domaine concerné, lire sur le sujet vous fera toujours progresser. Il existe de nombreuses thématiques où vous pouvez devenir rapidement expert. Par exemple, l'entretien des jardins d'intérieur ou la prise de notes rapide n'aura plus de secrets pour vous après quelques recherches d'informations bien ciblées.

Je vous conseille de choisir un thème à votre portée, que vous pourrez rapidement dominer. Inutile de vouloir d'emblée gravir le sommet le plus haut. Par exemple, si, originaire du sud de la France, vous vous passionnez de longue date pour les bienfaits du régime méditerranéen, il vous sera sans doute préférable d'opter, dans un premier temps, pour la conception d'un petit guide pratique sur les recettes méditerranéennes de famille accessible au plus grand nombre (pour cela, pourquoi ne pas tout simplement aller interroger vos amis, votre famille ou vos voisins sur la façon dont ils préparent leurs meilleurs plats et dont on leur a transmis ces recettes ?), plutôt que de vous lancer d'emblée dans la rédaction d'un guide exhaustif plus sophistiqué et illustré, détaillant des recettes de chef compliquées que vous-même ne maîtrisez pas entièrement !

Écrire sur ce que l'on aime

Un bon conseil : ne traitez pas un sujet qui ne vous intéresse qu'à moitié car chaque (longue) page à écrire relèvera alors davantage de la contrainte que du plaisir. De plus, il y a fort à parier que votre lecteur ressente ce manque d'entrain et de conviction : la passion se transmet aussi par écrit !

Le meilleur sujet, c'est donc celui qui vous passionne (voire qui vous obsède), qui vous fait vibrer, même si vous ne le maîtrisez pas encore très bien. C'est celui sur lequel vous êtes intarissable dans les discussions de famille ou entre amis. Comme nous venons de l'expliquer, vous avez l'embarras du choix.

La passion va de pair avec la motivation, facteur clé de toute réussite. Écrire sur un thème qui vous motive vraiment facilitera votre travail d'écriture. De plus, vous vous sentirez des ailes pour aller vous documenter avidement sur ce sujet qui vous tient à cœur. Vous prendrez plaisir à passer des heures sur Internet, en y glanant toutes les informations dont vous avez besoin. Vous ne compterez pas les heures passées à vous plonger tout naturellement dans la lecture d'ouvrages traitant de sujets similaires. Vous effectuerez avec enthousiasme les recherches nécessaires en bibliothèque. En deux mots, vous aurez l'énergie requise pour mener à bien votre projet.

Et, le soir venu, après avoir consacré suffisamment de temps à votre travail d'écriture, il y a fort à parier que vous serez satisfait de votre journée.

Trouver l'inspiration

Le moment du choix du sujet est certainement un des plus intenses de votre projet. Se lancer dans cette démarche *génératrice d'idées* est passionnant, surtout lorsque l'on sait que les possibilités de thématiques d'un livre pratique ne manquent pas ! Cette étape, cruciale dans l'élaboration du livre pratique, ne nécessite souvent pas d'aller chercher très loin ! Citant l'exemple de l'écrivain français Nicole de Buron, Jacques Dutertre, auteur français contemporain de nombreux guides pratiques, nous fait prendre conscience que toute opportunité de la vie quotidienne peut être saisie pour la transformer en sujet de livre : « A-t-elle un problème avec un de ses enfants, elle fait un livre ! Son contrôleur des impôts lui fait-il des misères ? Elle fait un autre livre ![1] »

Être à l'écoute

S'il n'est donc pas nécessaire d'aller chercher forcément très loin votre sujet, la recherche de l'inspiration nécessite en revanche d'être particulièrement à l'écoute de ce qui vous entoure : sentir, ressentir, lire, observer puis essayer de comprendre et d'analyser des situations du quotidien dont vous êtes témoin ou que vous vivez personnellement.

Ainsi, à l'heure du déjeuner, assis tranquillement dans votre fauteuil, vous regardez par la fenêtre. Que voyez-vous ? Des câbles électriques, le ciel qui s'assombrit, les feuilles qui tombent des arbres. Qu'entendez-vous ? La tondeuse de votre voisin (alors que c'est dimanche), le chant des oiseaux, un avion qui passe, trop bas à votre goût. Que sentez-vous ? L'odeur de l'herbe fraîchement coupée, ainsi que celle dégagée par votre barbecue dont vous profitez encore durant ces premiers jours d'automne.

Qui sait ? Vous tenez peut-être ici votre prochain thème ! Pourquoi ne pas décider de traiter, si le sujet vous intéresse, des nuisances sonores (aériennes ou de voisinage), des plus beaux oiseaux de nos jardins, de la cuisine en plein air ou encore de la réalisation d'un herbier avec des feuilles d'automne ? Ces sujets ne vous parlent pas davantage que cela ? Je vous suggère alors de recommencer l'exercice dans d'autres circonstances. Par exemple, la prochaine fois que vous serez assis à la terrasse d'un café, peut-être serez-vous alors interpellé

© Groupe Eyrolles

---

1. Dutertre J., *Manuel pratique pour les auteurs*, Paris, Éditions Grancher, 2002 in Desalmand P., *op. cit.*, p. 362.

par une mère de famille qui réprimande sa fille qui vient de traverser seule la grande avenue. Vous qui vous passionnez de longue date pour les problématiques liées à l'éducation des enfants, c'est peut-être le moment de vous lancer ! Vous finirez sûrement par trouver une bonne idée, un sujet qui vous tient à cœur et que vous souhaiteriez faire partager.

Quelques techniques simples

Il existe des moyens très simples pour stimuler votre créativité.

Le brainstorming

L'objectif du *brainstorming* (ou, en français, « remue-méninges »), consiste à « produire un grand nombre d'idées en un temps limité, en suivant une logique associative[1] ». Même si, en général, cette technique a plutôt tendance à être pratiquée en groupe, elle peut tout à fait être utilisée à un niveau individuel. Le *brainstorming* fait appel à l'association d'idées qui veut qu'une idée en amène vite une autre, qui peut elle-même vous conduire à une autre piste de réflexion, etc. De ce fait, il y a fort à parier que vous trouverez finalement suffisamment de matière pour traiter un sujet dont vous estimiez le contenu initial plutôt maigre…

Le *brainstorming* s'appuie sur la règle dite du « CQFD »[2] :

C pour Censure ou Critique	Interdire la censure ou la critique (envers les autres ou envers soi-même)
Q pour Quantité	Produire la plus grande quantité d'informations possible
F pour Farfelu	Accueillir les idées même les plus farfelues (sans porter de jugement)
D pour Démultiplication	Rebondir sur les idées émises, les associer entre elles, les organiser… afin d'aboutir, peu à peu, à un sujet digne d'étude.

---

1. Groff A., Chenevier E., Debois F., *La Boîte à outils de la créativité*, Paris, Dunod, 2011, p. 64.
2. *Ibid.*

Un exemple de brainstorming

La personne qui réalise ce *brainstorming* souhaite écrire un livre en rapport avec sa passion pour la montagne. C'est donc le premier mot qu'elle s'empresse d'écrire sur un *post-it*. Spontanément, elle pense à la neige. L'épaisse couche blanche lui rappelle immédiatement son dernier voyage au Canada. Elle pense alors à de nombreux mots qu'elle note de façon désordonnée sur une feuille de papier :

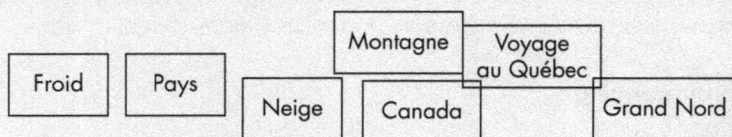

```
┌────────┐  ┌────────┐      ┌──────────┐  ┌──────────┐
│ Froid  │  │  Pays  │      │ Montagne │  │  Voyage  │
└────────┘  └────────┘      └──────────┘  │ au Québec│
                    ┌────────┐  ┌────────┐ └──────────┘  ┌───────────┐
                    │ Neige  │  │ Canada │               │ Grand Nord│
                    └────────┘  └────────┘               └───────────┘
```

Bonne vivante, elle se remémore les agréables soirées passées entre amis au coin du feu. Lui viennent alors en tête les termes suivants :

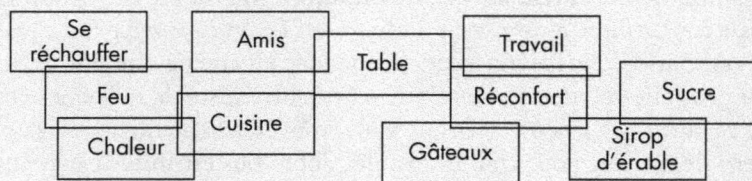

```
┌──────────┐  ┌────────┐          ┌─────────┐
│    Se    │  │  Amis  │          │ Travail │
│réchauffer│  └────────┘ ┌──────┐ └─────────┘        ┌───────┐
└──────────┘  ┌────────┐ │ Table│  ┌──────────┐      │ Sucre │
      │  Feu  │          └──────┘  │ Réconfort│      └───────┘
      └────────┘ ┌────────┐         └──────────┘  ┌──────────┐
   ┌──────────┐  │ Cuisine│  ┌────────┐          │  Sirop   │
   │ Chaleur  │  └────────┘  │ Gâteaux│          │ d'érable │
   └──────────┘              └────────┘          └──────────┘
```

D'un seul coup, elle se rend compte qu'elle tient le titre de son futur ouvrage : cuisiner avec le sirop d'érable du Québec ! « Mais bien sûr ! Il suffisait d'y penser ! » vous dîtes-vous peut-être...

Le rêve éveillé

Lorsque vous vous engagez dans un travail d'écriture (qui est, par nature, une activité solitaire), les contours habituels de la structuration de votre temps se modifient : vos moments de « retrait[1] » (physique et psychologique) se font de plus en plus fréquents et occupent alors la majeure partie de vos journées. Vos proches ont presque

---

1. James M., Jongeward D., *Naître gagnant*, Paris, InterEditions, 2000, p. 60-61.

parfois l'impression que vous rêvez tout éveillé. Ils n'ont pas vraiment tort ! En effet, il vous arrive de rejoindre, sans le savoir, une méthode thérapeutique élaborée dans les années trente, grâce à laquelle le patient, installé sur le divan, est invité à effectuer un voyage individuel dans un monde onirique. Ainsi, vous vous surprendrez peut-être à appliquer les « 3V » qui caractérisent le rêve éveillé[1] :

- voir : vous visualisez quelque chose (paysage, animaux, personnages, objets, etc.) ;

- vivre : vous vivez intérieurement des sentiments et des émotions ;

- verbaliser : vous décrivez tout ce que vous vivez et imaginez dans votre rêve éveillé.

Le changement d'outil

Si, malgré tout, vous bloquez, estimant que votre créativité n'est pas aussi débridée qu'elle devrait l'être, livrez-vous à cet exercice ludique que nous recommandait Paul Arden, un des créatifs les plus célèbres du monde de la publicité : « Si vous séchez, changez de stylo. N'hésitez pas à changer d'outil pour vous débloquer l'esprit[2]. » Dans le cahier de notes où vous consignez toutes vos idées, « pensez donc à l'aquarelle, au fusain, au crayon, au stylo-plume avec de la vraie encre. […] Ce n'est pas une solution en soi, mais ça peut vous ouvrir des pistes. En plus, c'est amusant[3] ».

Oser

À ce stade de conception de votre livre pratique, vous pouvez constater à quel point vous sollicitez votre « cerveau droit » (voir p. 23), laissant vagabonder votre esprit pour développer une créativité hors limites. Ce faisant, vous sortez du cadre ou, selon l'expression anglaise employée dans le monde professionnel, vous pensez *out of the box*. Cela signifie oser aller au-delà de ses propres limites : vous n'avez pour seule limite que votre imagination.

---

1. *Source* : Wikipédia, « Rêve éveillé », mise à jour juillet 2011.
2. Arden P., *op. cit.,* p. 82.
3. *Ibid.*, p. 83.

De même, opter pour l'originalité vous fera sans doute marquer des points auprès des éditeurs démarchés, intéressés par une diversification leur permettant de toucher un public de plus en plus large (à condition toutefois que votre ouvrage reste dans leur ligne éditoriale).

Osez donc prendre des risques en sortant des sentiers battus. Pour ce faire, il vous suffit de laisser votre esprit cheminer autour d'un thème général qui vous intéresse : décoration, cuisine, vie professionnelle, développement personnel, sport… Grâce à la technique du *brainstorming* décrite plus haut, laissez-le vous conduire à toutes sortes d'idées. Une idée de livre qui peut vous paraître à première vue complètement saugrenue ou pour laquelle vous estimez qu'elle ne concernera qu'une niche de lecteurs potentiels peut, *in fine,* très bien intéresser un large lectorat, pour peu que le titre soit accrocheur, que le sujet soit bien amené, que l'ouvrage soit bien écrit, que le produit final soit bien commercialisé et diffusé via des canaux de distribution appropriés.

Marquer sa différence

Rien ne vous empêche de traiter un sujet ou un thème qui a déjà fait l'objet de nombreux ouvrages.

Dites-vous bien qu'il existe toujours une demande* pour des sujets déjà largement traités, et dont vous pourriez penser de façon tout à fait légitime que le besoin des lecteurs est déjà saturé. C'est, par exemple, le cas des guides pratiques traitant des régimes amaigrissants qui, depuis des années, continuent de fleurir dès les beaux jours, emplissant les rayons des librairies. Le contexte aidant, force est de constater que certaines thématiques remportent toujours autant de succès auprès des « consommateurs » ; d'ailleurs, le livre le plus vendu sur l'année 2010, tous genres confondus, est *Je ne sais pas maigrir,* du nutritionniste Pierre Dukan[1].

Si vous décidez de vous engager sur un thème qui a déjà donné lieu à plusieurs publications*, je vous conseille vivement, afin de maximiser vos chances auprès d'éditeurs potentiels, de l'aborder sous un autre angle de vue et d'en présenter les idées de façon différente et originale.

---

1. Dukan P., *op. cit.* (*source* : ministère de la Culture et de la Communication, Observatoire de l'économie du livre, *Le Secteur du livre : chiffres clés 2009-2010,* mars 2011, p. 2).

Il est vrai que parvenir à se démarquer lorsqu'il existe déjà sur le marché une kyrielle d'ouvrages traitant d'un sujet donné peut sembler impossible, tant l'offre est déjà conséquente. Vous qui projetiez d'écrire un livre pratique sur le bonheur risquez ainsi de vous trouver bien désemparé lorsque, au décours d'une promenade en ville, vous découvrez avec stupeur dans la vitrine de la librairie du coin que pas moins d'une dizaine d'ouvrages traitant du sujet y sont exposés ! Du *Bonheur de vivre simplement*[1] au *Petit cahier d'exercices d'entraînement au bonheur*[2] en passant par *Le Bonheur extraordinaire des gens ordinaires*[3] ou par *La Fabrique du bonheur*[4], le choix ne manque pas ! Ne vous résignez pas pour autant à abandonner votre thématique ; abordez-la sous un autre angle ! Par exemple, pourquoi ne pas choisir de traiter (quitte à déranger et à provoquer un peu), un livre sur le bonheur d'être licencié de son entreprise ?

Un même sujet, présenté sous un jour nouveau, peut intéresser un lectorat différent.

Nous touchons ici du doigt un des fondements de la démarche marketing* : la différenciation*, pierre angulaire du positionnement* de tout produit. La troisième partie de cet ouvrage traite de ce concept incontournable du marketing*.

Surfer sur la tendance

Écrire sur ce que vous connaissez, c'est bien. Écrire sur ce que vous connaissez et sur ce que vous aimez, c'est mieux. Et si, de surcroît, il s'agit d'un sujet répondant à un besoin (conscient ou inconscient) identifié de la part des lecteurs, vous mettez alors toutes les chances de votre côté pour intéresser un futur éditeur.

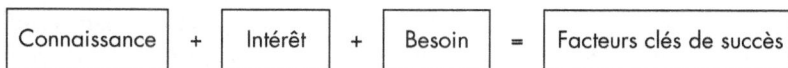

Connaissance	+	Intérêt	+	Besoin	=	Facteurs clés de succès

1. Miller T., *Le Bonheur de vivre simplement*, Paris, Les Éditions de l'Homme, 2011.
2. Thalmann Y.-A., *Petit Cahier d'exercices d'entraînement au bonheur*, Paris, Éditions Jouvence, 2009.
3. Mandeville L., *Le Bonheur extraordinaire des gens ordinaires*, Éditions de l'Homme, 2010.
4. Seligman M., *La Fabrique du Bonheur,* Paris, InterEditions, 2011.

Comme dans le domaine de l'art, de la mode ou du design, force est de constater qu'à l'instant *t*, certains produits plaisent davantage que d'autres. À ce propos, l'écrivain belge Joseph Messinger note que « le succès […] d'un livre repose avant tout sur un critère peu connu du grand public : il est question d'un lien entre l'inconscient de celui qui écrit et la demande de l'inconscient collectif [1] ». Vous aurez sans doute davantage de chance d'intéresser les lecteurs (consommateurs finaux), et donc les éditeurs (consommateurs intermédiaires), si vous optez pour un sujet « tendance ».

Répondez à quatre questions clés

Pour savoir si vous tenez un thème porteur, répondez aux questions suivantes :

• avez-vous eu récemment l'occasion de voir plusieurs livres, émissions de télévision ou articles de presse traitant du même sujet ?

• connaissez-vous dans vos relations des personnes qui se passionnent pour le sujet ?

• la cible de votre lectorat potentiel est-elle assez large ?

• existe-t-il des produits ou des services ayant le vent en poupe (c'est-à-dire pour lesquels la demande actuelle de la part des consommateurs s'accroît fortement) qui se rapportent de près ou de loin à votre sujet (exemple : les produits parapharmaceutiques à base d'huiles essentielles, les iPhones ou iPad, l'auto-entrepreneuriat, les assurances-vie, les crèmes amincissantes). Gardez à l'esprit le phénomène de saisonnalité : ce qui va « marcher » en été ne « marchera » pas forcément en hiver. De même, un livre à grand succès une année peut faire un flop l'année suivante, tout simplement parce que le sujet abordé ne sera plus d'actualité et que, de ce fait, il ne suscitera pas autant d'intérêt auprès du grand public.

© Groupe Eyrolles

---

1. Messinger J., in Hache B., *Écrire et trouver ses lecteurs*, Paris, Leduc. S Éditions, 2011, p. 171.

Dans le cas d'un livre pratique, il s'agit de comprendre et d'accepter le fait qu'adopter une démarche prenant en considération le besoin du consommateur optimisera vos chances de succès auprès d'un éditeur. Nous soulevons ici un point crucial, sur lequel nous allons nous attarder dans la troisième partie de cet ouvrage consacrée aux aspects marketing* de votre projet.

DEUXIÈME PARTIE

Élaborer son livre pratique : de l'idée au projet

Après la phase de conception débute celle de l'élaboration. Je pense qu'il est ici préférable de parler « d'élaboration » plutôt que de « création » dans la mesure où, comme nous l'avons expliqué, votre travail en tant qu'auteur de livre pratique consiste avant tout à vous appuyer sur des données existantes, à les organiser et à les retranscrire dans un langage clair et accessible à tous...

Il va donc à présent s'agir de produire, à partir d'une idée née sur un coin de table, un ouvrage que vous construirez pas à pas, jusqu'à disposer entre les mains, après de longues heures de travail, d'un produit fini.

En deux mots, votre objectif va consister à formaliser votre idée, c'est-à-dire à la transformer en projet concret. À ce stade d'élaboration, vous allez valider, au fur et à mesure de l'avancement de votre manuscrit, la pertinence de votre projet et sa faisabilité.

Une idée de base, de la réflexion et beaucoup d'actions

Nous venons de l'évoquer : nul besoin d'aller bien loin pour trouver l'inspiration. Il suffit souvent d'utiliser et de combiner astucieusement les ressources existantes pour créer le socle de votre projet, c'est-à-dire l'idée de base, la problématique initiale, le point de départ de votre livre, qui doit vous inspirer et résonner en vous bien avant que vous vous mettiez à écrire ou taper le premier mot. Reste ensuite, avec une bonne dose de réflexion puis d'actions, à formaliser vos idées, afin qu'elles se combinent et se transforment en un véritable projet.

Ainsi, pour chaque projet, il existe une phase de création « mentale », suivie d'une phase de création « physique ».

Poser les fondations de son projet

Pour écrire un livre pratique, il faut une bonne idée qui sera capable de donner naissance à un support utile et intéressant pour le lecteur.

L'idée de départ est le pilier de votre construction. C'est autour de ce pilier que vous élaborerez, brique après brique, votre ouvrage et que vous nourrirez votre projet.

Visionner son projet

Imaginez-vous sur un terrain vague, que vous venez d'acheter et sur lequel vous projetez de construire la maison de vos rêves. Vous en rêvez depuis longtemps. Vous l'avez maintes fois visualisée sur un plan. Vous tentez d'imaginer le résultat final une fois qu'elle sera construite. Certains contours sont encore flous, mais dans les grandes lignes, vous savez parfaitement ce que vous voulez alors que rien n'existe encore ! Vous invitez vos proches à se rendre sur ce terrain et vous leur faites une visite virtuelle : « Ici, vous aurez le salon, avec la cheminée ; là, l'espace cuisine ; ici, la terrasse desservant trois chambres, etc. »

Pour vous, tout est clair : vous visualisez votre demeure (votre livre pratique ou produit fini), projet né de votre idée initiale de faire construire sur un terrain à l'abandon (idée de base qui répond à un objectif bien précis) ; vous savez autour de quelle structure (votre plan) vous allez poser vos matériaux (les informations) qui viendront donner corps à votre ouvrage. Mais pour vos proches (considérons qu'il s'agit de vos lecteurs), rien n'est encore évident ! Car tout, absolument tout, reste à faire !

Réfléchir avant d'agir

Avant de vous engager dans l'action, et de bouger la moindre pierre, vous allez devoir concevoir et dessiner les plans. Si vous ne faites pas ce travail, il vous faudra ensuite dans la phase de création « physique » (phase d'écriture), apporter des modifications coûteuses en temps.

Une phase de réflexion va donc s'engager. Vous avez pu constater à quel point votre travail visant à développer votre inspiration et à stimuler votre créativité (voir p. 29 et suivantes) a fait émerger des informations de toutes sortes. À présent, votre esprit d'analyse et de synthèse va jouer à plein, car il va s'agir :

- d'engager, dès la phase de conception, une réflexion de fond sur vos ambitions, vos objectifs en tant qu'auteur, la raison d'être de votre projet, la définition de votre positionnement*, la mise en avant de vos sources de différenciations*, l'identification et la quantification de votre cible de lecteurs potentiels, vos atouts ainsi que les points sur lesquels vous vous attendez à être jugé. C'est l'objectif de ce que nous appellerons la construction de votre offre (voir p. 80 et suivantes), où votre rôle de marketeur va être mis à rude épreuve ;

- de prendre du recul, dans la phase de réalisation, afin de sélectionner des informations pertinentes pour le lecteur, de les « valoriser » (en effet, une idée s'apparente à une coquille vide : il faut y réfléchir pour en étoffer le contenu au maximum et faire en sorte qu'elle prenne de la valeur) et de les agencer, comme dans un jeu de construction.

Les grandes lignes de votre projet étant définies, une bonne dose d'action s'avère maintenant indispensable pour commencer à créer votre produit.

Lever les freins à l'action

Vouloir écrire un livre, c'est bien, mais pas suffisant : encore faut-il passer à l'acte ! Pour cela, la seule solution consiste à se munir d'un stylo, de quelques feuilles ou de son ordinateur et… à se plonger dans le travail. Devant l'ampleur de la tâche à accomplir, vous devez être très actif dès le départ et être capable d'identifier et de lever les freins à l'action qui, à un moment ou à un autre, pourraient vous bloquer ou vous ralentir dans la construction de votre projet.

Définir une méthode de travail

Vous tenez votre sujet, vous avez une vague idée de votre plan, vous savez sur quels supports d'information vous allez pouvoir vous appuyer pour démarrer votre livre pratique, mais vous ne savez pas par où commencer. Par quel bout prendre votre projet et comment en enchaîner les différentes étapes ? Il est vrai que, lorsque l'on se lance pour la première fois dans une telle aventure, on a du mal à évaluer la distance qui sépare l'idée de départ du livre terminé.

Les cinq étapes à suivre

Reportez-vous au parcours présenté en annexe 1, afin de visualiser le fil conducteur de cet ouvrage et de garder à l'esprit toutes les étapes que vous aurez à franchir : concevoir, élaborer, marketer, vendre, suivre et collaborer.

Structurer son approche

> *« Quand on se lit imprimé, on se dit : "Ce n'est que cela ?"*
> *Si on était sage, on ne recommencerait jamais. »*
> Paul LÉAUTAUD[1]

Il se peut que vous soyez effrayé par la masse de travail qui vous attend. Elle vous paralyse. Tous les manuels traitant des métiers du livre le mentionnent : l'écriture d'un ouvrage de qualité suppose une quantité de travail considérable. On est souvent loin de s'imaginer que même derrière le plus petit guide pratique, il y a des centaines d'heures de travail, et encore davantage si le projet est accepté par un éditeur (relectures obligent !).

Trois bons conseils

• Veillez à avancer pas à pas. La culture du « tout, tout de suite » est à bannir absolument. Là encore, je vous suggère de vous reporter au parcours présenté en annexe 1, afin d'avoir un maximum de repères balisant votre travail.

• Je vous recommande également de vous astreindre à vous mettre à l'ouvrage très régulièrement, en vous ménageant une plage de travail quasi quotidienne. De même qu'une œuvre peinte à l'huile nécessite souvent d'attendre que chaque couche de peinture sèche avant d'appliquer la suivante, un livre pratique s'élabore dans la durée. Il vous faudra du temps, et surtout énormément de constance pour produire un ouvrage de qualité. Chaque jour, vous serez amené à vous poser la question de savoir si tel paragraphe est à la bonne place, si tel chapitre poursuit le bon objectif ou si telle phrase mérite encore d'être retouchée.

• Enfin, votre motivation et votre enthousiasme devraient à eux seuls vous permettre de transformer vos efforts en vrai plaisir. Comme le note l'homme d'affaires et spécialiste du management Jean-Claude Seys, « la pratique de l'activité aimée est une source de bonheur qui dépasse et compense toutes les peines de l'instant ».[2]

---

1. La Bretesche G. de, Pelissier F., *Comment se faire publier*, Paris, Éditions 365, 2011, p. 39.
2. Seys J.-C., *Gagnants et perdants*, Paris, PUF, 2011, p. 120.

Se lancer

Vous êtes du genre à tout verrouiller avant de vous lancer. Vous doutez et vous vous posez beaucoup de questions, sans doute beaucoup trop : disposez-vous de suffisamment de références pour nourrir votre œuvre ? avez-vous suffisamment de matière pour écrire un livre sur le sujet ? la cible des lecteurs potentielle n'est-elle pas trop restreinte pour intéresser un éditeur ? avez-vous suffisamment relu votre manuscrit avant sa première présentation (alors que vous en êtes au moins à la vingtième relecture…), etc. ?

Un principe à respecter

Si vous vous reconnaissez dans ce profil « perfectionniste », dites-vous que le mieux est l'ennemi du bien. À vouloir trop bien faire, vous risquez de ne jamais vous lancer et de tomber dans la passivité.

Organiser son temps

Vous vous dites que vous ne réussirez jamais à concilier l'écriture de votre livre avec votre vie professionnelle et personnelle trépidante. Vous êtes parfaitement conscient que la ressource fondamentale de votre projet d'écriture est le temps.

Rassurez-vous : il est parfaitement possible de mener de front plusieurs activités, pour peu que vous sachiez anticiper et organiser votre temps. Il vous sera alors plus facile de jongler, d'une part entre votre travail d'écriture, et, d'autre part, entre vos enfants à aller chercher à l'école, votre présentation PowerPoint à rendre du jour au lendemain à votre chef, les invitations que vous aviez prévu de lancer à vos voisins, l'exposition d'art contemporain où vous tenez absolument à vous rendre ou encore la vérification de vos derniers relevés bancaires. Seule une gestion rigoureuse de votre temps vous permettra de mener à bien toutes ces activités.

Comment gérer efficacement son temps ?

Classez l'ensemble de vos activités selon deux axes principaux :

• leur degré d'urgence (les tâches urgentes requièrent une attention et une action immédiates ; ce sont souvent des obligations de court terme) ;

• leur degré d'importance (les activités importantes sont en général celles qui s'inscrivent sur du long terme).

Le risque principal consisterait à vous laisser happer par les urgences, et, de ce fait, à ne pas consacrer suffisamment de temps aux activités de long terme, source de satisfactions et de réussites. Imaginons par exemple que votre éditeur vous ait demandé de relire votre ouvrage dans un certain délai. Deux jours avant la fin du terme fixé, vous vous apercevez qu'il vous reste une vingtaine de pages à relire, à en vérifier les sources, à faire des recherches plus poussées, à étoffer certains paragraphes. Dans le même temps, vous vous rendez compte que vous n'avez pas préparé la réunion que votre chef vous avait demandé d'organiser (certes un peu tardivement), et que vous n'avez rien de prêt pour le dîner du lendemain prévu avec vos voisins du dessus. Une bonne anticipation vous aurait certainement permis d'éviter dette situation. Mais maintenant que vous vous trouvez devant le fait accompli, posez-vous la question de savoir laquelle de ces actions vous sera la plus profitable et vous permettra d'atteindre vos objectifs de long terme.

D'une façon générale, veillez à réduire au maximum le temps passé aux activités « pas importantes », qu'elles soient ou non urgentes : c'est la meilleure manière de vous consacrer à vos projets.

Valoriser sa démarche

Vous vous dévalorisez. Peut-être avez-vous peur de vous lancer dans l'écriture car vous redoutez le jugement de vos proches sur votre projet ? Ou bien, peut-être, hésitez-vous à vous lancer par peur de l'échec ? Peut-être même vous dites-vous que vous n'avez pas fait d'études, que votre grammaire n'est pas excellente, que vous étiez nul en français à l'école, que jamais vous ne réussirez à intéresser un éditeur, et que... Stop ! documentez-vous sur la pensée positive, et lancez-vous !

Maintenant que vous avez en tête votre idée de sujet et que vous êtes prêt à passer à l'action, il est temps de commencer à vous documenter sur le sujet qui vous passionne.

La recherche d'informations

Votre livre pratique doit rassembler une kyrielle d'informations utiles pour le lecteur. À ce stade, votre objectif va consister à recueillir et à combiner vos idées, vos observations, le fruit de vos recherches, vos souvenirs, vos connaissances, vos savoir-faire... afin de créer une œuvre originale. Ne vous contentez pas d'une simple compilation ; veillez à apporter des éléments personnels et du vécu, à développer une approche originale, un angle d'attaque particulier ou encore à affirmer vos positions avec conviction. C'est cette part d'apport personnel qui contribuera à imprimer votre « patte » et à marquer votre différence.

Des sources d'information sous double influence

Informations « internes »	Informations « externes »
• Vos idées	• Votre bibliographie*
• Votre vécu, votre expérience	• Vos références Internet
• Vos observations	• Vos lectures diverses
• Vos connaissances, votre expertise	• Les films ou émissions télévisées
• Votre savoir-faire	• Les articles de presse
• Vos convictions	• Les enquêtes terrain, les interviews

Attardons-nous ici sur les étapes clés d'une recherche efficace d'informations « externes ».

Se documenter

Avant de vous lancer tête baissée dans la construction de votre plan ou dans la rédaction de votre ouvrage, ménagez-vous du temps pour la phase de documentation. Une mise au point bibliographique dès le démarrage de votre projet s'avère indispensable. Rien ne sert en effet de vouloir réinventer la roue en tous points ; prenez appui sur ce qui existe déjà.

Consulter la bibliographie* existante

La première étape de votre travail de recherche documentaire consiste à identifier les données immédiatement disponibles sur le sujet (ouvrages, articles, publications, thèses...) et, par voie de conséquence, à lister celles qui restent à recueillir et sur lesquelles vous allez devoir investiguer davantage.

Traquez tout article, ouvrage, site Internet ou blog* ayant un rapport direct avec le sujet que vous projetez de développer.

Cette veille bibliographique vous permettra de situer le champ de votre étude par rapport à ce qui a déjà été dit sur le sujet ou sur des sujets similaires.

Apprécier la quantité et la qualité de la matière première

Passer du temps à recueillir ces informations vous permettra également de vérifier que vous avez suffisamment de matière pour élaborer un ouvrage « consistant ». Voici une question que vous vous posez sans doute : « Combien de pages mon livre pratique doit-il comporter ? » Il suffit de compulser quelques guides pratiques en librairie pour vous rendre compte que le nombre de pages est très variable d'un ouvrage à l'autre.

Un bon conseil : ne faites jamais de « remplissage » pour obtenir un nombre de pages plus important. De même, tout graphique ou illustration introduit dans le seul objectif d'augmenter le volume de votre ouvrage n'a aucun sens et n'échappera pas à l'œil expert d'un éditeur ! En règle générale, il est préférable d'écrire moins, de vérifier que chaque paragraphe ou que chaque phrase présente un intérêt et de supprimer les mots ou expressions « parasites », plutôt que de vous perdre dans des raisonnements ou des illustrations qui n'auront pas de sens pour votre lecteur. Écrivez de façon claire, synthétique, percutante et utile pour le lecteur. Si votre projet intéresse un éditeur, il saura vous demander de l'étoffer si besoin.

Étudier les ouvrages de référence

Connaître ou rechercher les références fondamentales sur votre thème d'étude vous apportera une aide précieuse, car les informations que vous en tirerez seront considérées comme fiables et crédibles par vos lecteurs. De plus, cela vous permettra d'apprécier l'apport de votre livre par rapport à ces ouvrages de base.

Répondez à cinq questions clés

1. Quels sont les ouvrages/mémoires de recherche/thèses/articles de référence dans le domaine ?

2. Les avez-vous tous lus ?

3. Que vous ont-ils apporté ?

4. Qu'avez-vous apprécié ?

5. Qu'auriez-vous aimé y voir et qui n'y était pas ? En quoi pouvez-vous alors y répondre ?

Il est toujours bénéfique de vous documenter sur des ouvrages concurrents du vôtre. Rien ne vous empêche d'ailleurs de vous inspirer de quelques idées que vous n'auriez pas spontanément eues. Positionner votre ouvrage par rapport au marché* constitue une étape incontournable. En effet, ce que recherchera votre éditeur, c'est de savoir s'il existe déjà des ouvrages traitant du sujet, quels sont-ils, mais surtout en quoi vous aller vous en différencier. Prenez donc soin de faire figurer noir sur blanc cette analyse concurrentielle dans votre *positioning paper* (voir p. 80 et suivantes).

Se nourrir des autres

Quand on parle de prendre appui sur un ouvrage existant (surtout s'il s'agit d'un ouvrage de référence), il est tentant de vouloir en reprendre quelques idées, voire quelques passages… Si vous estimez qu'une idée ou une phrase d'un auteur est susceptible d'appuyer votre argumentation, de donner du corps à votre ouvrage ou de le valoriser, sachez que c'est tout à fait envisageable, sous réserve de respecter quelques règles de base.

Règles de citation

Est-il possible de :

Reprendre une idée ?	❑ Oui, à condition de citer ses sources
Reprendre une phrase ou une citation de notoriété publique[1] ?	❑ Oui
Paraphraser une idée ou un passage ?	❑ Oui, à condition de citer ses sources
Reprendre un passage *in extenso* ?	❑ Oui, à condition de citer ses sources
Reprendre un graphique ou un schéma ?	❑ Oui, à condition de citer ses sources

Mentionner vos sources est donc incontournable. Ce faisant :

- vous restituez le mérite de l'idée ou du texte à son véritable auteur,
- vous évitez le plagiat, passible de lourdes sanctions. « Le plagiat, c'est le vol. Un auteur s'empare du texte écrit par un autre et en tire réputation ou rémunération, ou les deux[2] » (voir p. 127 et suivantes).

- Vous permettez à vos lecteurs de se référer facilement aux sources utilisées, d'en vérifier si besoin est l'exactitude ou encore de resituer les citations dans leur contexte d'origine.

Quand citer ses sources ?

- *Lorsque vous reprenez mot à mot les propos d'un autre auteur.* Dans ce cas, respectez stricto sensu son texte, en utilisant les guillemets ou en le reprenant en italique. Les citations doivent refléter exactement le texte d'origine car vous êtes responsable, en tant qu'auteur, de leur exactitude. Toute modification de votre part dans une citation (suppressions, ajouts, ou remplacement de mots ou de lettres) sera indiquée entre crochets ([…]).

---

1. Présentes dans de nombreuses sources d'information, vous les supposez connues de beaucoup de personnes. Exemple : il n'est pas nécessaire de citer l'expression « rien ne sert de courir, il faut partir à point », même si ce proverbe est tiré d'une fable de La Fontaine.
2. Desalmand P., *op. cit.*, p. 166.

- *Lorsque vous paraphrasez le texte d'un autre auteur*, c'est-à-dire lorsque vous reprenez ses idées avec vos propres mots. Attention : paraphraser ne signifie pas seulement remplacer les mots du texte original par des synonymes ; il convient de modifier également la structure des phrases. Par exemple, dans un guide pratique sur l'éducation des enfants, il est possible de reprendre la phrase suivante « Ce qui est important dans le développement de bébé, ce n'est pas une présence quantitative des parents, mais une attention qualitative » en la paraphrasant de la sorte : « La relation qualitative est bien plus importante pour l'évolution de votre enfant qu'une simple multiplication des contacts au quotidien. »

- *Lorsque vous intégrez des schémas, des graphiques, des données chiffrées provenant d'une source externe*, qu'il s'agisse d'un document publié ou non, disponible en version papier ou sur Internet, protégé par le droit d'auteur* ou relevant du domaine public.

Dans tous les cas, assurez-vous de conserver le sens des propos de l'auteur d'origine.

Comment citer ses sources[1] ?

Votre éditeur vous proposera une méthode adéquate. Mais autant bien faire du premier coup !

Vos références doivent suivre un format bien défini : nom de l'auteur, prénom, titre, collection*, édition, année de publication, page(s).

Trois principales options de présentation s'offrent à vous :

- indiquer vos sources en notes de bas de page, en introduisant un appel de note au format « exposant » de votre traitement de texte, qui renvoie à la référence placée au bas de la page ;

---

1. *Source :* http://www.cegep-rimouski.qc.ca/infosphere/sciences_humaines/module7/citer2.html.

- les rassembler à la fin de votre ouvrage. Dans ce cas, l'appel de note en exposant renverra votre lecteur aux dernières pages de votre livre pratique ;

- les insérer dans le corps du texte, en indiquant la référence abrégée entre crochets ([...]). Dans ce cas, vous veillerez à fournir la liste des références complètes dans une **bibliographie*** à la fin de votre ouvrage.

Deux locutions latines couramment utilisées vous seront sans doute utiles :

- *op. cit.* (abréviation de *opus citatum*) signifiant « ouvrage cité » et faisant référence à un livre que vous avez déjà cité dans le corps de votre texte ;

- *ibid.* signifiant « dans le même ouvrage » et renvoyant à une référence que vous avez citée immédiatement au-dessus (même livre et même auteur). Mentionnez aussi la page si elle diffère de la précédente.

Conserver vos sources !

Ordonnez et gardez la documentation collectée : faites-vous des photocopies des pages des ouvrages que vous citez, sauvegardez dans vos « favoris » les sites Internet que vous avez utilisés, imprimez dans la mesure du possible les documents auxquels vous faites référence. L'objectif consiste à **conserver une trace** de la documentation utilisée. De plus, tout éditeur est susceptible de vous en faire la demande à un moment ou à un autre. Enfin, ces documents pourront vous être d'une aide précieuse en cas de litige futur (si vous étiez accusé de plagiat, par exemple).

Surfer sur la toile

Aujourd'hui, avec Internet, se documenter et alimenter un guide pratique contenant des informations, des éléments techniques, des conseils ou des recettes, est à portée de main, chez soi. Le travail de recherche d'informations s'en trouve grandement facilité.

Internet, un incontournable...

Il est aujourd'hui aisé d'accéder en un temps record à toutes les informations d'ordre technique et pratique requises pour nourrir votre ouvrage. Ainsi, en un clic, grâce aux moteurs de recherche ultra-puissants, vous serez rapidement incollable sur les algues de nos côtes bretonnes, sur les recettes à base de pain d'épices ou sur la façon d'analyser vos rêves. Internet vous donne également accès aux *blogs** fleurissant sur des thématiques variées telles que les meilleurs moyens de devenir riche malgré la crise, les clés de l'auto-entrepreneuriat, les secrets pour se soigner sans médicaments ou encore les techniques pour entretenir efficacement une piscine d'extérieur. Vous pourrez également y trouver des données et des statistiques intéressantes pour illustrer votre livre et montrer que vous connaissez l'environnement dont vous parlez. Enfin, grâce à Wikipédia, vous obtiendrez toutes les définitions souhaitées (à condition, là encore, de les référencer).

Internet va donc servir à vous constituer efficacement une bibliothèque d'idées. Aucun auteur ne pourrait aujourd'hui s'en passer.

... à utiliser avec modération et précaution

Internet, point trop n'en faut !

Même s'il est tentant d'utiliser Internet à tout va, la modération reste de mise. En effet, votre éditeur sera particulièrement attentif à ce que vos références « électroniques » ne constituent pas vos seules sources d'informations et qu'elles ne soient pas surreprésentées par rapport à votre bibliographie* « classique ».

Attention également, lors de vos investigations sur la Toile, à ne pas vous égarer dans les liens hypertextes, au risque de perdre de vue votre objectif initial de recherche. Internet démultiplie les possibilités d'accès à l'information et, de ce fait, son utilisation est extrêmement chronophage (surtout lorsque vous empruntez des itinéraires pas toujours linéaires). Prenez le recul nécessaire pour vous poser la question de savoir si ce temps que vous passez à une recherche pas toujours efficace ne pourrait pas être mieux utilisé.

Bannissez à tout prix la technique du « copier-coller ». En effet, cette méthode de travail à faible valeur ajoutée vous expose *de facto* au plagiat. Par ailleurs, rien de tel que d'effectuer par vous-même vos recherches dans des sources bibliographiques, non seulement pour vous former ou vous perfectionner sur le sujet traité, mais aussi pour acquérir une méthode de travail qui vous servira dans d'autres domaines de votre activité professionnelle.

Enfin, comme le mentionnent les auteurs de *La Boîte à outils de la créativité*, ne perdez pas de vue que « même les systèmes informatiques les plus performants ne pourront jamais se substituer à l'intelligence humaine et surtout à sa capacité à poser (et se poser) les bonnes questions ![1] ».

Internet, les précautions à prendre

Les résultats obtenus sur le net dépendent grandement de la façon dont vous investiguez sur les moteurs de recherche. Il convient donc d'adopter une méthodologie réfléchie et structurée de recherche d'informations. Imaginons que votre problématique vise à répondre à la question suivante : « Quel sport pratiquer après un infarctus ? » Vous avez le choix entre plusieurs alternatives. Ainsi, sur les moteurs de recherche, vous pourrez opter pour :

- une approche ciblant la solution (c'est-à-dire visant à répondre directement à la question posée) : « sport après infarctus » ;
- une approche ciblant la fonctionnalité : « s'entraîner ; se maintenir en forme ; après un infarctus » ;

---

1. Groff A., Chenevier E., Debois F., *op. cit.*, p. 155.

- une approche ciblant l'émotionnel : « garder un mental de sportif ; renouer avec le sport après un infarctus ; courir en famille après un infarctus ».

Il va de soi que ces trois approches n'induiront pas les mêmes résultats. Ne perdez donc pas de vue votre objectif initial.

Les articles libres de droits

Il est aujourd'hui possible de créer un guide pratique de toutes pièces, presque uniquement à partir d'informations recueillies sur Internet. Veillez alors à utiliser des textes, articles ou images de contenu libre de droits, c'est-à-dire dont la diffusion et la modification sont libres.

Voici quelques sites de contenu libre : *www.contenulibre.com* ; *www.libre-article.fr* ; *www.contenu-gratuit.com* ; *www.articlesenligne.com*.

Pour compléter cette liste, allez sur Google et effectuez une recherche à l'aide des mots clés « contenu libre », « article libre », « article gratuit », etc.

Privilégier une approche terrain

Ce que vont rechercher vos lecteurs dans votre livre pratique, c'est avant tout du vécu.

De ce fait, vous en tenir aux seules études documentaires, aux informations contenues dans des ouvrages ou sur la Toile ne répondrait pas vraiment à l'objectif recherché par votre futur lectorat.

Afin de conférer à votre livre pratique un maximum de réalisme et de crédibilité, il est donc pertinent de compléter votre recherche de documentation par une observation terrain, bâtie autour d'interviews, d'enquêtes, de reportages, de questionnaires, d'observations directes, d'entretiens, de rencontres avec des professionnels, des enseignants ou bien des éditeurs. Observer le terrain, pour le retranscrire avec le maximum de réalisme et de précision, suppose d'observer avec attention (c'est-à-dire d'aller au-delà du simple fait de voir ou de regarder), afin de collecter des informations crédibles, pertinentes pour vos lecteurs et leur apportant une réelle valeur ajoutée.

À mon sens, un bon livre pratique naît de la confrontation entre le travail intellectuel et les éléments de terrain. Il est essentiel pour le lecteur que vous puissiez illustrer vos idées par des exemples. Cela vous permet également de vérifier (ou non) vos hypothèses. Qui plus est, cette observation de terrain vous offre l'opportunité de mieux comprendre celui ou celle à qui s'adresse votre livre pratique.

À ce stade, vous avez défini votre sujet. Vous êtes clair sur la meilleure façon de l'aborder. Vous savez quelles informations vos lecteurs aimeraient trouver dans votre livre. La phase de recherche d'informations vous aura permis de balayer dans les grandes lignes les différentes possibilités de traiter votre sujet.

Il est temps à présent de synthétiser vos données, de les organiser et de construire votre plan.

Le plan

Dès les premières pages de votre livre pratique, dans le sommaire, vous allez d'emblée annoncer à vos lecteurs comment vous avez choisi d'agencer vos idées et de les leur présenter. Votre sommaire reflète donc votre plan, qui répond quant à lui à votre objectif de différenciation*. À ce titre, il fait partie intégrante de votre positionnement*.

Comprendre le bien-fondé d'un plan

Le plan est une structure autour de laquelle vous allez construire votre projet. Il permet au lecteur de se repérer aisément au cours de sa lecture, et, ainsi, de pouvoir naviguer d'un chapitre à l'autre sans perdre le fil conducteur de votre raisonnement. C'est la raison pour laquelle, lorsque vous bâtissez votre plan, l'enchaînement des parties, des chapitres et des sous-chapitres de votre ouvrage doit suivre une certaine logique. C'est un point auquel s'attacheront avec attention les éditeurs à qui vous présenterez votre projet. Essayez de vous mettre dans la peau de votre futur lecteur : dans quel ordre aimerait-il voir apparaître les informations ?

Le plan d'un livre pratique doit toujours être simple et parfaitement clair. En effet, ne perdez pas de vue que vous vous adressez à un lectorat constitué d'un public avide de concret, qui recherche avant tout un ouvrage agréable à lire et facile à comprendre : en deux mots, un livre accessible.

Votre plan doit répondre à votre problématique et/ou à votre idée de départ. En ce sens, il trace un fil conducteur visant à guider pas à pas le lecteur vers des méthodes et des conseils faciles à appliquer.

Enfin, le plan demeure un élément absolument incontournable pour élaborer le contenu de votre livre pratique : avec un plan bien construit, vous saurez sans hésitation où ranger telle ou telle information.

Construire son plan

Ne sous-estimez pas le temps nécessaire à cette phase de construction, cruciale dans l'élaboration d'un guide pratique. Certes, c'est une étape très chronophage, mais qui vous fera gagner ensuite un temps considérable. Considérez-la donc comme un investissement de départ. « Chaque jour consacré à préparer et à établir le plan m'économise environ cinq jours d'écriture réelle » constate Bob Mayer dans son ouvrage *Écrire un roman et se faire publier*[1]. Élaborer votre plan va vous permettre de stimuler vos capacités d'analyse et de synthèse.

Voici quelques repères et principes de base qui devraient vous aider à construire votre plan.

Savoir d'où partir pour savoir où arriver

Savoir dès le départ où vous voulez aller vous permet de mieux comprendre où vous en êtes et de vérifier que tous vos pas vous mènent dans la bonne direction.

Délimiter le sujet

Il va tout d'abord s'agir de délimiter votre sujet. Par exemple, si votre livre pratique a pour thème les champignons, allez-vous décider d'expliquer de façon exhaustive comment les reconnaître, comment les cultiver, dans quels coins les trouver, selon quels critères les acheter, comment les cuisiner, comment les conserver ? Ou bien allez-vous opter pour une approche plus ciblée qui consiste, par exemple, à ne traiter que de leurs propriétés médicinales et leurs vertus ?

Dans ce second cas, même si le périmètre de votre sujet est certes plus restreint que si vous aviez opté pour la première approche, cela ne vous dispense pas d'élaborer un plan !

---

1. Mayer B., *op. cit.,* p. 63.

Par ailleurs, soyez conscient qu'en fonction de l'approche choisie, vous ne ciblerez pas le même lectorat et toucherez, selon la terminologie marketing*, différents segments de marché*. Dans un marché* (par exemple, les Français possédant un chat), un segment représente un sous-ensemble qui regroupe des individus présentant des caractéristiques communes (sociales, professionnelles, financières, géographiques...).

Aller de A vers B

Une fois vos bornes définies, vous allez déterminer par quelles étapes doit cheminer votre raisonnement pour passer d'un point A (par exemple, votre idée de base ou votre problématique) à un point B (la réponse à votre problématique ou, plus généralement, ce que vous voulez que vos lecteurs retiennent à l'issue de leur lecture). Chaque paragraphe, chaque chapitre ou sous-chapitre doit apporter sa pierre à l'édifice, c'est-à-dire concourir à répondre à votre problématique et à être source de valeur ajoutée pour votre lecteur.

Définir son ossature et ordonner ses informations

Dans un premier temps, définissez les points que vous souhaitez aborder. Reprenons l'exemple du guide pratique sur les champignons, pour lequel vous avez la possibilité de traiter de leur conservation (congélation, stérilisation, salage, conservation dans l'huile ou dans le vinaigre), de leur culture, de leur cueillette, de leurs vertus anti-oxydantes, anti LDL-cholestérol, protéiniques et à haute teneur en sels minéraux, etc.

Puis, choisissez dans quel ordre vous souhaitez les présenter au lecteur : allez-vous les classer par thématique ? par ordre chronologique ? par cible de lectorat potentiel ? en fonction du poids que vous accordez à chaque niveau d'informations ? etc. Ce faisant, vous dressez une liste de sections et de chapitres. Au cours de cet exercice, il est normal que vous tâtonniez, en essayant d'emboîter les pièces du puzzle de la façon la plus efficiente possible. Mettez-vous à la place de votre lectorat pour que votre plan soit le plus pertinent possible.

Une technique efficace pour organiser ses idées : le *mind mapping*

Contrairement au *brainstorming* (voir p. 29), qui permet d'obtenir de nombreux thèmes, mots, idées ou sujets très variés, ne présentant pas forcément de lien identifié évident entre eux, le *mind mapping* consiste à faire converger vos idées. Ainsi, à partir d'une idée de départ, vous pouvez créer une cartographie, vous permettant non seulement de générer des idées nouvelles par la voie de la libre association, mais aussi de les organiser selon des thématiques choisies. Le *mind mapping* consiste donc en une hiérarchisation « des liens entre des données suivant une architecture arborescente, dont l'objectif est de structurer et/ou faire émerger l'information[1] ». En cela, il complète efficacement le *brainstorming*, vous donnant la possibilité de structurer efficacement vos idées, de façon « astucieuse et ludique[2] », en créant des ensembles, branches, flèches permettant d'identifier à leur tour les rapports qui existent entre différentes idées.

Exemple

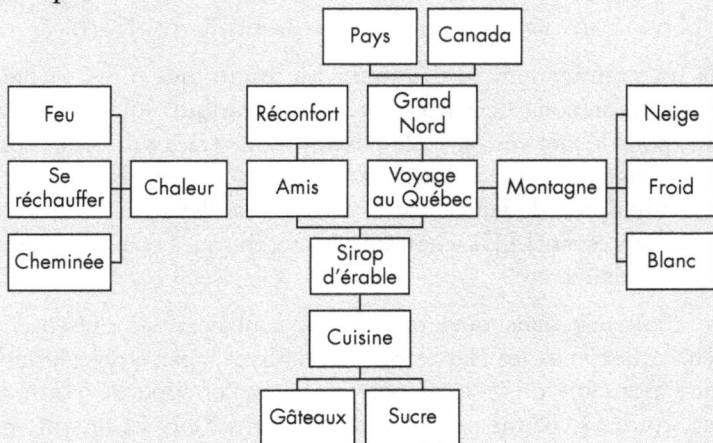

1. Deladrière J.-L., Le Bihan F., Mongin P., Rebaud D., *Organisez vos idées avec le Mind Mapping*, Paris, Dunod, 2004, 2007, p. 2.
2. Delengaigne X., Mongin P., *Boostez votre efficacité avec FreeMind, Freeplane et XMind/Bien démarrer avec le Mind Mapping*, Paris, Eyrolles, 2ᵉ éd., 2009, p. 7.

Raisonnez ensuite en termes d'objectifs : chaque partie ou chapitre de votre livre doit remplir un objectif bien précis. Quelle(s) idée(s) souhaitez-vous véhiculer ? Au fur et à mesure que vous rédigez votre plan, prenez donc suffisamment de recul pour vérifier que tous vos pas vous conduisent vers votre but. Au final, la somme de vos sous-objectifs doit constituer votre objectif final : ce que vous souhaitez que votre lecteur retienne quand il aura refermé votre ouvrage.

Il n'existe pas de format imposé pour le plan. Le fameux « plan Sciences Po » en deux parties et deux sous-parties, n'est, fort heureusement, pas toujours de mise. L'essentiel est de respecter une certaine logique. Mais la numérotation des sections, chapitres et sous-chapitres doit être rigoureusement hiérarchisée. Vous pouvez opter :

* soit pour une numérotation décimale (1.1, 1.2 puis 1.1.1, 1.2.1, 1.2.2) ;
* soit pour une numérotation plus traditionnelle (I – A – 1 – a).

Multiplier les subdivisions a le mérite de donner du rythme à votre texte. Votre éditeur décidera de la mise en forme la plus adaptée. Mais là encore, mieux vaut lui fournir d'emblée un produit de qualité...

Faire vivre son plan

Si votre idée de base doit rester figée (on ne change pas de cap en cours de route), votre plan, au contraire, va évoluer au cours de votre travail d'écriture et subir de profondes modifications (auquel cas, assurez-vous toujours d'être bien en phase avec votre objectif).

Toiletter son plan

La structuration des informations présentées doit être claire, précise, concise. Il conviendra donc d'éliminer les chapitres ou sous-chapitres qui ne sont pas indispensables pour répondre à votre problématique. Votre plan ainsi « toiletté », il vous sera d'une aide précieuse dans la rédaction de votre ouvrage car il vous permettra d'identifier, et donc de supprimer, les doublons et les répétitions dans le texte. Il vous permettra également de cerner au mieux à quel(s) endroit(s) étoffer votre ouvrage ou, au contraire, où vous devrez l'élaguer.

Veiller à l'équilibre

Un bon plan doit respecter un certain équilibre. Si, par exemple, votre section consacrée à la conservation des champignons fait cinq fois moins de pages que celle dédiée à la façon de les cuisiner, êtes-vous certain que cette première partie justifie une section à part entière ? Ne serait-il pas plus opportun de la transformer en chapitre et de l'inclure dans une autre section ?

Votre éditeur s'assurera que les différentes parties de votre ouvrage sont équilibrées, c'est-à-dire qu'aucune n'est disproportionnée par rapport aux autres, par exemple. Si tel est le cas, il pourra vous demander de la scinder en plusieurs sous-rubriques. *A contrario*, il saura aussi vous demander d'étoffer un chapitre jugé trop peu développé.

Comment savoir à quel moment vous tenez le bon plan ?

Si ces trois conditions sont réunies :

• l'articulation entre toutes les subdivisions vous semble parfaitement fluide et logique ;

• toutes vos idées trouvent naturellement leur place dans cette ossature ;

• vous estimez que c'est clair pour votre futur lecteur.

Rédiger son introduction

Il est toujours préférable de rédiger votre introduction une fois que votre plan est construit, et non l'inverse. Votre introduction doit en effet refléter votre sujet, votre problématique, votre cheminement. Présentez votre plan ainsi que la méthodologie employée dès l'introduction. De même, définissez les objectifs pédagogiques de votre livre dès les premières pages. Mettez en avant votre angle d'attaque. Mentionnez clairement à quelle(s) cible(s) vous vous adressez. Veillez à « accrocher » votre lecteur, qui doit être intéressé dès les premières lignes. Comme on le dit souvent en matière de recrutement, ce sont les dix premières secondes passées avec un candidat qui donnent le ton et permettent de savoir si l'entretien mérite d'être poursuivi en profondeur... Évitez donc de noyer dès le départ votre lecteur dans des notions compliquées et des principes abscons : il doit comprendre très vite ce que votre livre peut lui apporter. Et au terme de sa lecture, il doit disposer de tous les conseils lui permettant d'entretenir au mieux sa piscine d'intérieur, de choisir, installer et assurer la maintenance de son ordinateur ou encore de parler en public sans rougir.

L'importance de la forme

Le guide pratique est souvent considéré comme un vrai compagnon de route pour son lecteur. Ainsi sa mise en forme doit-elle être parfaitement structurée. « La forme, c'est le fond qui remonte à la surface », indiquait à ce sujet Victor Hugo. Fond et forme sont indissociables, et ceci est d'autant plus vrai pour un livre pratique. La forme contribue à donner du sens à cet ouvrage, qui se veut avant tout accessible et source de conseils, de recettes et de méthodes.

Dynamiser son texte

Pour faciliter la lecture de votre livre pratique et faire en sorte de capter l'intérêt de celui qui va s'y plonger, misez sur une mise en forme attrayante, conviviale, aérée et dynamique. Ne vous contentez pas d'utiliser la feuille de style* fournie par votre éditeur et de saisir votre texte au kilomètre…

Imaginez-vous un instant à la place de votre lecteur : quelle mise en forme pourrait valoriser au mieux le contenu de votre ouvrage et lui faire retenir vos messages clés ?

> ### Quelques bons conseils…
>
> • *Rythmez votre texte* en y insérant des illustrations, des encadrés de « mise en pratique », des intertitres, des graphiques, etc.
>
> • *Parsemez-le d'exemples* et de cas concrets. Chaque chapitre doit apporter au lecteur son lot de suggestions, de bonnes recettes et d'astuces.
>
> • *Veillez à structurer les informations* sous un format pratique pour le lecteur. Ce dernier trouvera certainement utile d'avoir sous les yeux une méthode illustrée facile à appliquer.
>
> • *Veillez à systématiser vos accroches.* Par exemple, si vous optez pour l'insertion d'encadrés dès lors que vous illustrez votre texte de conseils pratiques, faites en sorte de les inclure en nombre quasi équivalent dans chacun des grands chapitres de votre ouvrage.

Avez-vous songé à introduire votre livre pratique par une préface* ? Source de valeur ajoutée si elle est rédigée par un expert du sujet traité, elle contribue alors à donner à votre ouvrage un supplément de notoriété et à en renforcer l'attractivité.

Définir l'iconographie*

Par ce terme assez peu utilisé dans notre langage quotidien, est désigné l'ensemble des illustrations (photographies, graphiques, schémas, dessins) contenues dans votre livre pratique.

Une illustration, quelle qu'elle soit, n'a pas vocation à « faire joli ». Son objectif est d'offrir en un clin d'œil une idée de ce que vous allez traiter. Votre éditeur jugera de sa pertinence : est-elle bien utile pour aider le lecteur à comprendre le contenu ou les enjeux de votre ouvrage ? Il existe de nombreux livres pratiques non illustrés. Retenez donc que les illustrations ne sont jamais obligatoires, mais, qu'utilisées à bon escient, elles peuvent grandement faciliter la lecture et la compréhension de votre texte, avec l'avantage d'éviter de fastidieuses explications.

Dans le monde de l'édition, l'utilisation de photographies ou d'illustrations reste très codifiée. Le code des usages en matière d'illustration photographique[1] définit les obligations des éditeurs en la matière, notamment le fait de s'assurer des droits de propriété intellectuelle sur les œuvres reproduites.

Comment inclure des illustrations dans votre ouvrage ?

Votre éditeur pourra vous conseiller, voire vous demander, d'inclure dans votre guide pratique des photographies ou des illustrations afin de le rendre le plus attrayant possible pour votre lecteur.

Dans ce cas, assurez-vous d'avoir obtenu au préalable les autorisations nécessaires à leur reproduction à fin de publication, avant de les transmettre à votre éditeur. Ce dernier prendra à sa charge les coûts techniques de reproduction. Afin de réduire au maximum ses frais et d'optimiser le temps de travail sur votre ouvrage, il appréciera certainement que vous lui fassiez des propositions d'illustration ou que vous lui indiquiez où les trouver. Auprès de quel photographe ou de quel illustrateur ? sur quel site Internet ? dans quelle banque d'images[2] ? Certaines maisons d'édition* peuvent faire appel à des iconographes qui se chargent d'obtenir les droits auprès des créateurs individuels ou des agences de communication.

La préparation de l'iconographie* est en général menée par votre éditeur en parallèle de son travail sur votre manuscrit.

Sauf si vous êtes un excellent dessinateur ou graphiste, ne cherchez pas à tout prix à réaliser vous-même les illustrations de votre ouvrage, sous prétexte d'écarter toute problématique de coût ou de cession de droits.

---

1. Le code des usages en matière d'illustration photographique est issu d'un accord signé le 5 mai 1993 entre le Syndicat national de l'édition (SNE) et des représentants des professions photographiques.
2. Il existe sur Internet de nombreuses banques d'images gratuites et libres de droits. Consultez par exemple les sites suivants : *www.photosearch.fr*, *www.photolibre.fr* ou encore *www.gettyimages.fr*.

D'une façon générale, ne vous privez pas de tout élément susceptible d'apporter une valeur ajoutée à votre livre pratique.

Faites confiance à votre éditeur qui saura, sans jamais dénaturer le sens de vos propos, vous conseiller utilement afin de rendre votre texte le plus accessible possible pour vos futurs lecteurs.

S'il vous impose un titre ou une mise en forme qui ne vous convient pas, soyez conscient que votre marge de négociation sera très restreinte... Mais une fois encore, acceptez de lui faire confiance : c'est son métier !

Appliquer des règles de base

Voici quelques principes de base d'écriture à connaître et à adopter, non seulement pour mettre toutes les chances de votre côté de séduire un futur éditeur, mais aussi pour rendre votre texte le plus intelligible possible.

Allier simplicité...

« L'écrivain est déjà son propre lecteur, il se relit sans cesse en cours de travail pour parfaire l'expression de sa pensée et relancer le processus de l'écriture, il se relit pour objectiver son texte et donc se percevoir par les yeux des autres, des lecteurs qu'il veut atteindre[1] ».

Ne perdez pas de vue que les attentes de votre éditeur sont aussi celles de vos futurs lecteurs. Votre objectif ? proposer un texte simple, compréhensible et articulé de façon claire et structurée. Veillez à l'intérêt du contenu, à la construction des phrases (faites-les courtes et concises), à l'enchaînement de vos idées, à la clarté de vos transitions, à l'équilibre de vos chapitres, à l'actualisation de vos données chiffrées par rapport à la date de publication* envisagée. Et, surtout, lorsque vous relisez chaque chapitre, chaque paragraphe, chaque phrase et chaque mot, posez-vous systématiquement la question de savoir si ce que vous avez écrit est clair pour votre lecteur.

---

1. Brochu A., « L'écrivain et son lecteur », in *Les Écrits*, n° 110, avril 2004, p. 18 (*source : http://home.ican.net*).

Lorsque vous délivrez vos conseils et vos suggestions, utilisez l'impératif présent à la deuxième personne du pluriel (exemple : « prenez une cuillère de farine, puis... »), en restant humble dans le ton adopté. Évitez de vous montrer trop directif lorsque vous vous adressez à votre lecteur (exemple : « faites ceci, faites cela ») ; préférez plutôt les formulations plus souples comme : « je vous suggère de faire ceci » ou « je vous encourage à faire cela ».

Rien de tel que de vous mettre dans la peau de votre lecteur pour rédiger votre livre pratique. Pour ce faire, vous pouvez jouer simultanément deux rôles : celui de l'auteur et celui du lecteur, en vous relisant à voix haute.

... et rigueur

En général, votre éditeur s'entoure de « correcteurs », en charge de passer en revue tout votre tapuscrit* pour y traquer toute faute d'orthographe, erreur de syntaxe*, incohérence ou redite dans le texte. Mais de votre côté, la rigueur reste de mise ! Rappelez-vous votre objectif premier : fournir à votre éditeur un produit de qualité dès la première présentation. Soyez donc extrêmement vigilant à l'orthographe, à la grammaire et à la syntaxe*.

De même, quelques règles typographiques et de ponctuation sont à connaître, au risque de perdre en crédibilité. Par exemple, inutile d'adresser votre manuscrit à une maison d'édition* sans avoir pris soin au préalable de vérifier que dans votre texte, « etc. » (abréviation de la locution latine et *cætera desunt*, indiquant qu'une liste n'est pas exhaustive) est toujours précédé d'une virgule et se termine toujours par un point (et non par trois points de suspension...).

Voici un récapitulatif qui pourra vous être fort utile...

Quelques règles typographiques

Les *signes simples* comme la virgule (« , »), le point (« . ») et les points de suspension (« ... ») sont suivis d'un simple espace : pas d'espace avant le signe, mais un après. Exception : il n'y a aucun espace ni avant ni après une apostrophe.

Les *signes doubles* comme les deux points (« : »), le point-virgule (« ; ») ou le point d'interrogation (« ? ») sont précédés et suivis d'un espace : à signe double, espace double.

Lorsque vous utilisez des parenthèses (( )), des guillemets (« ») ou des crochets ([ ]) au milieu d'une phrase, laissez un espace à l'extérieur, mais pas à l'intérieur. Exception : il n'y a pas d'espace entre la parenthèse finale et la ponctuation simple qui suit.

Les traits d'union des mots composés (exemple : bouche-à-oreille) ou utilisés dans d'autres formulations (exemple : « quel choix a-t-il fait ? ») ne sont précédés ni suivis d'aucun espace.

Deux mots latins pourront également vous servir, si vous souhaitez créer des renvois dans le corps de votre texte, pour peu que vous sachiez les manier correctement : *supra* et *infra*.

- *supra* renvoie à un passage situé plus haut dans votre texte ;
- *infra* renvoie à un passage situé plus bas.

Maintenant que vous tenez l'ossature de votre ouvrage, il ne vous reste « plus » qu'à combler les « creux ». Pour ce faire, une seule solution : poursuivre votre recherche d'informations pour nourrir votre sujet et... écrire ! Ne comptez désormais plus les jours, les semaines et les mois que vous allez passer à lire, taper, relire, écrire, corriger, peaufiner, griffonner, relire encore et toujours...

TROISIÈME PARTIE

Préparer son projet : l'auteur marketeur

Dès lors que votre projet a pris forme autour d'un plan structuré et d'informations bien choisies, il se transforme peu à peu en produit, puis en produit fini. Nous appellerons produit fini le projet d'ouvrage finalisé que vous présenterez aux maisons d'édition* ciblées.

La qualité de votre produit est essentielle. Rappelons, comme le note le spécialiste du marketing* Philip Kotler, qu'une « qualité déficiente est synonyme de mauvaises affaires[1] ».

De créateur/concepteur, vous devenez en quelque sorte « producteur » d'un bien répondant à une logique économique et financière.

De ce fait, si vous souhaitez vous engager sur la voie de la publication* et optimiser vos chances de vendre votre produit, il vous faudra arriver sur le marché* de l'édition, certes, avec un produit de qualité, mais aussi avec une vraie stratégie marketing*. Ce rôle de marketeur est souvent relégué au second plan, sous prétexte d'une antinomie fréquemment mise en avant entre les logiques créatrice et *business*, ou

---

1. Kotler P., *op. cit.,* p. 17.

tout simplement parce que les auteurs en herbe n'ont pas conscience de son importance.

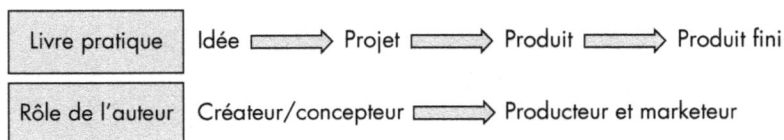

| Livre pratique | Idée ⟹ Projet ⟹ Produit ⟹ Produit fini |

| Rôle de l'auteur | Créateur/concepteur ⟹ Producteur et marketeur |

Le livre pratique, un produit comme un autre

Parmi les biens culturels, le livre semble encore occuper une place particulière, probablement liée au fait que l'édition de livres est la plus ancienne industrie culturelle. En effet, certains professionnels de l'édition ont encore du mal à accepter le livre comme un produit de consommation s'inscrivant dans une logique de marché*. Lorsque j'ai demandé à quelques éditeurs de guides pratiques de me dire lesquels de leurs ouvrages se vendaient le mieux (en sous-entendant que les ventes pouvaient être guidées par les attentes des lecteurs et les tendances du moment), certains se sont presque sentis offusqués par mon approche, me rétorquant que la prise en compte des besoins des lecteurs n'était pas de mise chez eux. Comme dans le domaine artistique, certains continuent donc d'opposer création et *business*.

La poursuite d'une logique *business*

Contrairement à ces idées reçues, la poursuite d'une logique de rentabilité financière ne s'établit pas forcément au détriment de l'inspiration et de la créativité. L'édition, entreprise culturelle, certes, mais avant tout entreprise, n'échappe pas aux règles du marché*. À l'instar d'autres entreprises culturelles (comme l'audiovisuel par exemple) ou de la grande consommation, l'édition a aujourd'hui recours à de vraies stratégies marketing* et commerciales.

Et s'il existe bien un genre de livre dont la création s'associe à merveille avec une logique *business* (sans pour autant déroger à ses impératifs de qualité), c'est bien celui du livre pratique ! En effet,

73

dans la mesure où il poursuit un objectif informatif sur un thème bien défini, il paraît difficilement envisageable de concevoir qu'il puisse naître indépendamment de toute demande*.

Rappelons ici les propos du sociologue Pierre Bourdieu qui qualifiait le livre d'« objet à double face, économique et symbolique, [...] à la fois marchandise et signification[1] ». L'écrivain américain contemporain Bob Mayer considère, quant à lui, le livre comme « un mélange d'émotion et de logique[2] », tout en précisant : « Aussi bon écrivain que vous soyez, il faut également un certain sens des affaires, sans quoi vous n'irez pas très loin[3] ».

« Aller loin » suppose donc, outre le fait de disposer d'un ouvrage de qualité, de définir et de mettre en œuvre une démarche entrepreneuriale, en gardant à l'esprit que votre livre pratique, comme n'importe quel autre bien de consommation, s'achète et se vend sur un marché*, lieu de confrontation entre l'offre, émanant des auteurs (et nous avons vu à quel point celle-ci est illimitée) et la demande*, émanant des consommateurs (qui est, elle aussi, infinie, puisque tout livre pratique de qualité est susceptible d'être apprécié – ne dit-on pas que tous les goûts sont dans la nature ? –, et, donc, acheté). Dès lors, le livre doit impérativement satisfaire à des objectifs de rentabilité.

Un produit qui répond à un besoin

De toute évidence, le sujet que vous allez proposer doit d'abord intéresser les éditeurs. À l'instar des galeristes qui choisissent délibérément d'exposer leurs artistes « coup de cœur » (peu importe que leur travail artistique s'inscrive ou pas dans la tendance actuelle), certains d'entre eux prennent le risque de ne pas éditer en fonction des attentes du grand public[4].

---

1. Bourdieu P., *op. cit.*, p. 16.
2. Mayer B., *op. cit.*, p. 182.
3. *Ibid.*, p. 208.
4. Mazel C., *Le Marketing du livre. Quand le nom de l'auteur devient une marque : le cas de la littérature*, mémoire de 4ᵉ année d'IEP, 2008, p. 51.

Mais cette attitude reste discrétionnaire et, le plus souvent, l'une des missions premières de l'éditeur consiste à « sentir » le vent. En d'autres termes, il cherchera à savoir si votre guide pratique est ou non susceptible de rencontrer un lectorat potentiel, et donc, de répondre à un besoin.

Dans leur ouvrage *Le Marketing du livre*, Suna Desaive et Noëlle Poggioli expliquent à ce propos qu'un des rôles dévolu à l'éditeur est de tenter de réconcilier « les besoins, les désirs, les comportements des consommateurs et les objectifs de l'entreprise[1] ».

In fine, vous vous apercevrez peut-être que « si le sujet d'ouvrage que vous proposez aux éditeurs ne rencontre pas le moindre intérêt de leur part, il est possible que ce sujet ne réponde pas à la demande du public[2] ».

---

1. Desaive S., Poggioli N., *Le Marketing du livre. Études et stratégie*, Paris, Éditions du Cercle de la Librairie, coll. « Pratiques éditoriales », 2006, p. 15.
2. Messinger J. in Hache B., *op. cit.*, p. 171.

L'importance du marketing

« Le marketing* est aujourd'hui une étape incontournable dans la conception d'un projet éditorial. La plupart des maisons d'édition* disposent d'un département marketing* ou, pour les plus petites structures, d'une personne dédiée au marketing* au sein du service communication-promotion[1] ».

Les actions marketing* mises en œuvre par les éditeurs visent à soutenir la réussite du livre et à faire en sorte d'atteindre le consommateur potentiel. Si, comme le note Antoine Gallimard, « Le bouche-à-oreille fonctionne formidablement bien pour les livres[2] », ce dernier n'est pas suffisant.

Ne croyez pas que le marketing* soit le seul apanage de l'éditeur. « Il m'a fallu quatre ans et trois romans pour comprendre que l'aspect marketing* du travail d'écrivain était au moins aussi important que l'écriture elle-même », note le romancier Bob Mayer[3].

Il vous appartient donc d'agir aux différentes étapes de la démarche marketing* pour maximiser vos chances de publication* et mettre toutes les chances de votre côté pour rencontrer le succès.

---

1. Eyrolles S., *op. cit.*, p. 92.
2. *Livres Hebdo*, hors série chiffres, avril 2008 in Mazel C., *op. cit.*, p. 14.
3. Mayer B., *op. cit.*, p. 185.

Les étapes clés de la démarche marketing*

Marketing stratégique	**Marketing opérationnel**
L'auteur acteur	L'auteur contributeur[a]

⇩ Stratégie ━━━━━━━━━━━ Actions ⇩

Analyser son marche	**Communiquer**
– Connaître son lectorat	– Toucher sa cible*
– Être à l'écoute des tendances	– Utiliser le mix média

Construire son offre	**Diffuser**
– Définir son produit	– Choisir et optimiser
– Définir son positionnement	les canaux de distribution

Définir son marché	**Commercialiser**
– Qualifier sa cible	– Promouvoir son produit
– Quantifier sa cible	

a. Le marketing opérationnel est de la responsabilité de l'éditeur. Toutefois, l'auteur peut contribuer à la mise en œuvre des actions marketing et commerciales impulsées par son éditeur.

Écouter le marché

Les études de marché, qui ont « pour objet l'analyse des marchés, la connaissance des consommateurs, la détection de leurs besoins et attentes[1] », occupent une place grandissante dans le domaine de l'édition. S'il est vrai que les éditeurs « demeurent, envers et contre tout, les grandes oreilles du marché de l'édition[2] », il n'en est pas moins vrai qu'en tant qu'auteur, et *a fortiori* auteur de livres pratiques, vous avez un rôle important à jouer en amont de toute étude ou action de marketing* opérationnel.

L'objectif n'est pas de vous perdre dans les méandres des études de marché, mais simplement de vous livrer à un questionnement prospectif. Comme vous allez pouvoir le constater, vous avez sans doute

---

1. Eyrolles S., *op. cit.*, p. 92.
2. Messinger J., in Hache B., *op. cit.*, p. 171.

déjà fait des études de marché sans le savoir. Tout est question de bon sens.

Ne perdez pas de vue LA question que se posera immanquablement votre éditeur : les ventes vont-elles être au rendez-vous ?

Seule une analyse prospective du marché* vous permettra d'y répondre. L'objectif consiste, à ce stade, à étudier le plus finement possible votre marché*, à connaître vos « consommateurs » et à identifier leurs besoins et leurs attentes.

Pour ce faire, vivez, écoutez, sortez pour sentir le vent et les tendances du moment. L'auteur de livres pratiques n'étant pas un pur créatif, sa source d'inspiration est double. C'est à l'intérieur de lui-même qu'il va puiser sa part créative (création de la structure du livre, recherche des idées, imagination). Mais ne vivant pas cloîtré chez lui derrière son ordinateur, « il ne fait aucun doute que sa créativité dépend aussi de sa confrontation (consciente ou non) avec [les autres] et de sa relation avec le monde qui l'entoure[1] ». De même, l'influence de vos lectures est grande. Comme nous l'avons expliqué à la page 47, vous serez, consciemment ou non, influencé par des sources d'information « externes » (bibliographie*, sources Internet, lectures, émissions de radio ou télévisées, presse, etc.).

Demandez-vous si le thème que vous envisagez de développer est porteur. A-t-il le vent en poupe ? Va-t-il accrocher votre lecteur ? l'inciter à passer à l'acte d'achat ? lui donner envie d'aller au-delà de la lecture du sommaire ? Avez-vous vu ou suivi des émissions de radio ou télévisées sur le sujet ? Connaissez-vous plusieurs personnes se passionnant pour cette thématique ? Cette dernière est-elle en rapport avec des produits ou services à la mode ? Etc.

Reportez-vous en page 34 pour affiner ce questionnement.

---

1. Bourgeois L., *Profession artiste, vivre de son art,* Paris, Eyrolles, 2012, p. 47.

Construire son offre

« Le premier apport du marketing* ne se situe pas au niveau des techniques de commercialisation, mais à celui de la conception même du produit[1]. » Concevoir son produit et définir son positionnement* constitue la première étape de la construction d'une offre marketing* cohérente. C'est cet aspect marketing stratégique que je vous propose d'aborder à présent, à travers l'élaboration d'un document incontournable pour la présentation de votre projet à votre éditeur : le *positioning paper*.

En rédigeant votre *positioning paper*, vous vous ménagez un moment privilégié, consacré à une réflexion de fond préalable à tout travail d'écriture. Prendre ce temps nécessaire vous permet de savoir où vous souhaitez aller et d'éviter ainsi l'écueil de foncer tête baissée pour écrire ou taper avec frénésie sur les touches de votre clavier d'ordinateur, de peur de perdre les idées qui se bousculent dans votre tête et de faire barrage à la hantise de la page blanche.

Concrètement, votre *positioning paper* se présente sous la forme d'un document synthétique de quelques pages (cinq à huit au maximum) qui vous servira de support pour présenter votre projet. Pensez aux éditeurs qui reçoivent des dizaines de projets par jour. Pour mettre toutes les chances de votre côté et faire en sorte que ce soit votre projet qui retienne leur intérêt et sorte du lot, attachez-vous à élaborer un document synthétique, clair, étayé et accrocheur.

---

1. Soulié D., Roux D., *Gestion*, PUF, 1re éd., 1992, p. 163.

Les rubriques incontournables de votre *positioning paper*

Descriptif de votre ouvrage

- Sur quels constats et quel rationnel* vous appuyez-vous ?

- Quel(s) objectif(s) pédagogique(s) visez-vous ?

- Comment prévoyez-vous de dérouler votre ouvrage ? Indiquez ici les différentes parties de votre plan et l'objectif assigné à chacune d'entre elle.

- Comment comptez-vous délimiter le sujet traité ?

Étude de marché

- Quelle est la cible* à laquelle s'adresse votre ouvrage ? Identifiez-la et quantifiez-la (voir p. 85 et suivantes).

- Existe-t-il des ouvrages directement concurrents du vôtre ? Si oui, quels sont-ils ? En quoi votre ouvrage se démarque-t-il des produits existant sur le marché* ? (voir p. 32 et 81-82).

- Quels sont vos atouts ? vos faiblesses ? vos contraintes ? les opportunités sur lesquelles vous appuyer ? (voir p. 86 et suivantes).

Parcours de l'auteur

- Présentez votre CV (voir p. 106 et suivantes).

Définir son positionnement*

Le positionnement*, pierre angulaire de toute démarche marketing*, correspond à la place spécifique accordée à un produit ou à un service dans l'esprit d'un consommateur. Pour que ce dernier préfère acheter tel produit plutôt que tel autre, le positionnement* dudit produit doit mettre en avant une différence perçue par rapport aux biens existants ou à venir sur le marché*.

Tout positionnement* répond à quatre questions clés : qui suis-je ? que fais-je ? pourquoi (avantage produit) ? qu'est-ce que j'apporte au consommateur (promesse produit) ?

> **Exemple d'illustration du positionnement* d'un livre pratique**
>
> *Je suis* un livre pratique ayant pour thème le licenciement professionnel.
>
> *Qui* ouvre de nouvelles perspectives à toutes celles et ceux faisant l'objet d'un plan social.
>
> *Parce que, pour la première fois,* j'aborde de façon originale et non dramatique les bénéfices du licenciement économique (caractéristiques produit).
>
> *Donc,* au travers de cas concrets, de conseils et d'expériences vécues, j'offre à toutes celles et ceux qui subissent ou ont subi un licenciement la possibilité d'en apprécier le côté positif et de rebondir efficacement, tant personnellement que professionnellement (promesse produit).

Vous en conviendrez : il existe de nombreux ouvrages traitant du licenciement. Toute la difficulté (et aussi l'intérêt) consiste à s'en démarquer. Ici, la source de différenciation* réside dans l'avantage produit ; l'approche privilégiée, originale, bouscule les idées reçues.

Vous devez systématiquement raisonner en termes de différence perçue : c'est une des clés du succès à mettre absolument en avant auprès d'un éditeur. Que vous optiez pour un sujet encore inexploré (il en reste !) ou pour un sujet qui a déjà fait l'objet de plusieurs publications* (ouvrages, articles, mémoires de recherche, thèses…), soyez conscient que la façon dont vous allez aborder *votre* sujet, avec *votre* éclairage, *votre* vécu, *votre* expertise du domaine et *votre* style, marqueront *de facto* **votre** différence, tant vis-à-vis de vos éditeurs potentiels que de vos futurs lecteurs. Dans tous les cas, il va s'agit d'imprimer votre « patte » à votre œuvre.

Un même sujet, présenté sous un jour nouveau, intéressera, à coup sûr, lecteurs comme éditeurs. Par exemple, on aurait pu penser que *L'Essence du goût*[1], ne soit qu'un énième livre de cuisine. Il n'en est

---

1. L'Écotais M. de (texte de J.-B. de Panafieu), *L'Essence du goût*, Rodez, Éditions du Rouergue, 2011.

rien : il s'agit d'un livre tout à fait original, invitant ses lecteurs à plonger dans le monde des aliments, de leurs couleurs, de leur texture, de leurs molécules, présenté pour la première fois sous l'angle de la macrophotographie. C'est là toute son originalité.

Définir son produit

« Le terme "livre" désigne à la fois une œuvre de l'esprit et un objet, un contenu intellectuel et son support[1]. » Comme tout produit, il se compose, d'une part d'un certain nombre de caractéristiques techniques objectives et, d'autre part, de caractéristiques émotionnelles subjectives. Dans le cas du livre pratique, les premières prédominent sur les secondes, dans la mesure où l'objectif poursuivi est essentiellement informatif.

Posez-vous tout d'abord la question de savoir quelle nature vous voulez donner à votre ouvrage.

Est-ce un ouvrage purement pratique (construit autour d'exemples, de conseils...) ou souhaitez-vous y inclure un peu de théorie ? Il est en effet tout à fait envisageable, voire souhaitable, afin de donner davantage de « fond » à votre projet, d'y introduire par exemple des concepts théoriques, des données historiques ou des éléments statistiques. Par exemple, vos mille et une recettes savoyardes peuvent utilement être introduites par un court chapitre sur la région et son histoire. De même, votre ouvrage sur l'entrepreneuriat ne manquera pas de consacrer quelques pages à la logique macroéconomique de l'offre et de la demande. Veillez toujours à bien définir les concepts de base. Mais ne perdez pas de vue que vous devez traiter des aspects concrets du sujet développé : dans tous les cas, n'omettez pas d'enrichir votre texte d'exemples, de conseils pratiques et d'astuces en tous genres ; il n'y en aura jamais trop.

Votre ouvrage est-il bâti uniquement à partir de données bibliographiques ou bien privilégie-t-il également une approche de terrain, construite autour d'interviews, d'entretiens, de rencontres avec des professionnels du sujet ?

---

1. Eyrolles S., *op. cit.*, p. 87.

Ensuite, quelle mise en forme envisagez-vous ? Avez-vous par exemple l'intention d'inclure des photos ? des illustrations ? des schémas ? un index* ? un glossaire* ? etc.

Enfin, avez-vous déjà réfléchi à un titre ? à la page de garde (première de couverture*) ? au verso (dernière de couverture*) ? Ces trois éléments, constituant le *packaging* de votre produit, en renforcent la visibilité et l'attractivité. L'objectif visé est simple : donner au lecteur l'envie irrésistible d'ouvrir et de feuilleter les premières pages de votre œuvre.

Le livre pratique est en effet aujourd'hui confronté à des problèmes de visibilité : le guide qui offre les recettes du bonheur se trouve coincé, sur une étagère de la librairie voisine ou dans les rayonnages de votre supermarché, entre celui qui traite des cinq clés pour être heureux et celui qui met en avant les étapes indispensables pour se construire une vie harmonieuse... Avouez qu'il y a de quoi s'y perdre et hésiter avant de décider d'acheter l'un plutôt que l'autre ! Cette décision d'achat sera non seulement guidée par le contenu de l'ouvrage, le nom de l'auteur (est-il connu pour avoir déjà écrit sur ce thème ?), mais aussi par des éléments que je qualifierais de « marketing* » et qui, consciemment ou non, vont influencer la décision d'achat. C'est la raison pour laquelle les éditeurs attachent tant d'importance aux choix du titre comme à l'élaboration de la couverture d'un livre. Leur objectif ? accrocher l'œil du futur lecteur et susciter son intérêt. En termes marketing*, nous dirions qu'il s'agit de « toucher » le consommateur potentiel.

Même si ces trois composantes relèvent *in fine* de la responsabilité de votre éditeur, rien ne vous empêche de vous montrer force de proposition auprès de ce dernier.

Nous reviendrons plus largement dans la cinquième et dernière partie de cet ouvrage sur les responsabilités de chacune des parties.

Définir son marché

Un marché* est économiquement défini comme le lieu de rencontre entre l'offre de produits (les livres) et la demande* des consommateurs (les lecteurs). Le marketing* complète cette définition, précisant que le marché* est le lieu qui rassemble toutes les personnes intéressées, ou potentiellement intéressées, par un produit ou un service. Dans ce vaste ensemble, il va donc s'agir de déterminer des segments de marché*, c'est-à-dire des sous-ensembles de cette population qui regroupent des clients présentant des caractéristiques (sociales, professionnelles, démographiques, financières…) comparables.

Définir son marché* revient donc à définir de façon précise et étayée à qui vous comptez adresser votre livre, et quelles catégories d'individus sont susceptibles de l'acheter.

Identifier sa cible*

La qualification de votre cible constitue une étape clé du marketing* stratégique. Dans le milieu professionnel, ce rôle est dévolu aux services des études de marché*. En tant qu'auteur, vous devez être capable de définir et d'identifier votre marché* cible.

Répondez à la question : « pour qui vais-je écrire ? »

- Des débutants du domaine étudié ? des spécialistes ?
- Des étudiants ? des enseignants ?
- Des seniors ? des adolescents ?
- Des femmes ? des hommes ?
- Gardez à l'esprit qu'il est extrêmement rare qu'un produit cible tous les types de consommateurs. L'eau minérale est peut-être un contre-exemple… Même les bébés en boivent !

La qualification de votre cible* est un élément incontournable à présenter dans votre *positioning paper*. Votre éditeur s'assurera que le contenu de votre projet est en parfaite adéquation avec le public que vous avez identifié et veillera (s'il retient votre travail pour la publication*), à ce que cette cible soit clairement identifiable par le lecteur dès les premières pages du livre. Exemple : « Ce livre s'adresse à toutes celles et ceux qui, maîtrisant déjà les techniques de communication écrite, souhaitent se perfectionner dans la prise de notes rapide : journalistes, assistantes, écrivains, consultants, etc. »

Quantifier sa cible*

N'oubliez pas que votre éditeur est aussi un homme de chiffres : son rôle consiste, entre autres, à vérifier que votre cible* va être assez large pour garantir un retour sur investissement satisfaisant. La question qu'il ne manquera pas de vous poser est de savoir combien de personnes vous envisagez de « toucher ». À ce stade, il va donc s'agir, maintenant que vous avez défini exactement à qui vous destinez votre ouvrage, de quantifier le plus précisément possible votre population cible, c'est-à-dire de la traduire en chiffres.

Dans ce domaine, la boule de cristal n'a pas sa place ; des techniques extrêmement simples et efficaces vous permettent de réaliser cet incontournable :

* la collecte de données chiffrées existantes sur une population concernée. Exemple : le nombre de mycologues en France si votre livre pratique a pour thème les champignons ; le nombre de femmes (répertoriées par tranches d'âge et habitudes de consommation) si vous avez décidé de livrer vos meilleurs conseils de maquillage, etc. Pour effectuer vos recherches, usez et abusez d'Internet qui constitue une formidable source d'informations (voir p. 53) ;

* l'extrapolation de données. Sans vous livrer à des calculs statistiques très poussés, il est aisé d'extrapoler, à l'aide d'une simple règle de trois, des données d'un échantillon de population à une population plus générale. Au préalable, assurez-vous que la typologie d'individus constituant votre échantillon soit représentatif de la population générale.

Réaliser une matrice SWOT

Présente dans tout bon plan marketing stratégique, la matrice SWOT vise un double objectif :

* mener une analyse ou poser un diagnostic sur un produit ou sur une situation, en mettant en avant ses atouts et en identifiant ses freins ;

* synthétiser les résultats ainsi obtenus dans une matrice à double entrée qui vous permet de présenter vos conclusions de façon structurée et argumentée à un éditeur.

Dans cette matrice dite « SWOT », vous vous attachez à définir :

S vos forces (S pour *strengths,* en anglais) = éléments positifs d'origine interne

W vos faiblesses (W pour *weaknesses* en anglais) = éléments négatifs d'origine interne

O les opportunités (O pour *opportunities* en anglais) = éléments positifs d'origine externe

T les menaces (T pour *threats,* en anglais) = éléments négatifs d'origine externe

La matrice SWOT

	Positif	Négatif
Origine interne (votre livre pratique)	Forces	Faiblesses
Origine externe (votre environnement)	Opportunités	Menaces

Exemple de matrice SWOT appliqué à un livre pratique

	Positif	Négatif
Origine interne	**Forces** • Premier ouvrage traitant du sujet • Interviews de professionnels du domaine	**Faiblesses** • Manque de crédibilité de votre profil en tant qu'auteur (pas d'expérience antérieure) • Nombre de pages trop limité pour la collection* dans laquelle l'ouvrage peut s'insérer (manque de matière)
Origine externe	**Opportunités** • Pas de concurrence directe connue • Possibilité à terme d'élargir la cible* avec un ouvrage plus généraliste sur le sujet • Possibilité d'adaptation dans d'autres pays	**Menaces** • Cible* restreinte • Sujet non porteur

Votre mission de marketeur s'achève ici. À présent, c'est à votre éditeur de prendre le relais, « en ajustant à [votre ouvrage] les variables de la composition commerciale – le prix, la distribution et la promotion – afin de mettre le produit en contact avec un nombre suffisant de consommateurs et d'atteindre ainsi les objectifs conséquents à la mission de l'entreprise[1] ».

---

1. Colbert F., *Le Marketing des arts et de la culture*, 3ᵉ éd., Montréal, Gaëtan Morin Éditeur, 2007, p. 11. in Mazel C., *op. cit.*, p. 52.

QUATRIÈME PARTIE

Lancer son projet : l'auteur vendeur

À un moment donné, il faut savoir s'arrêter. Si, une fois l'étape de relecture passée, vous êtes convaincu que votre produit est abouti et suffisamment peaufiné, inutile de vouloir à tout prix le relire pour la énième fois ou y ajouter d'autres informations ; vous ne feriez que brouiller votre texte.

Il est maintenant temps de vous lancer à la recherche d'un éditeur. C'est là que la vraie difficulté commence, comme en témoigne le schéma présenté à la page 22. Comment trouver un éditeur qui accepte de miser sur vous ? Comment lui vendre au mieux votre projet ?

Avant tout, un minimum de connaissances sur les acteurs du monde de l'édition s'impose.

Comprendre ses interlocuteurs

Encore une fois, l'objectif n'est pas de vouloir faire de vous de parfaits *businessmen*, mais de vous sensibiliser à la logique poursuivie par les acteurs de la chaîne du livre, dont l'activité est d'ailleurs souvent méconnue du grand public. Avec ces notions de base, votre éditeur constatera avec plaisir que vous savez de quoi vous parlez ; vous gagnerez ainsi en crédibilité à ses yeux.

Les grandes tendances du secteur de l'édition

En France, le secteur de l'édition, représenté par le Syndicat national de l'édition (SNE), demeure très atomisé, et ce malgré le renforcement des concentrations des maisons d'édition*. Ainsi, autour des grands groupes comme Hachette Livre (regroupant, par exemple, Larousse, Dunod ou Dessain & Tolra), Media Participation (regroupant, entre autres, Fleurus ou Rustica) ou Editis (dont font notamment partie Nathan, First/Gründ ou La Découverte), gravitent de nombreuses petites et moyennes structures d'édition. La concurrence est donc très rude et impose l'exigence d'une rentabilité accrue.

En dépit de l'essor d'Internet, les parutions de livres sont en constante augmentation. Le nombre de références vendues en France au moins une fois dans l'année est en progression : 677 903 références vendues en 2010 (+ 7 %) et 689 747 en 2011 (+ 2 %)[1]. En mars 2012, le chiffre d'affaires des éditeurs (nombre de livres vendus

---

1. *Source* : panel GfK, ventes sorties de caisse, in ministère de la Culture et de la Communication, *Observatoire de l'économie du livre, Le secteur du livre : chiffres clés 2010-2011*, mars 2012.

multiplié par le prix de vente de chacun d'eux) a atteint 2 707 millions d'euros hors taxe (+ 0,2 % *versus* 2009)[1].

Les lieux d'achat des livres se diversifient. Les librairies (23,4 % du total des lieux d'achats) sont fortement concurrencées par les grandes surfaces spécialisées (22,3 %) – qualifiées d'hypermarchés du livre, comme la Fnac ou Virgin Megastore – ou non spécialisées (19,1 %)[2]. Le réseau de distribution est également fortement dynamisé par les ventes d'ouvrages sur Internet, qui représentaient en 2011 une part de 13,1 % des lieux d'achat de livres. Ce développement des ventes en ligne, via des sites comme Amazon, a rendu possible une diffusion de plus en plus large des ouvrages. Les commentaires des internautes sur les livres publiés se généralisent, avec le risque qu'ils se substituent complètement, un jour ou l'autre, à l'opinion de votre libraire…

Rôles et responsabilités des acteurs de la chaîne du livre

Afin de renforcer nos connaissances sur le monde de l'édition, voici une description succincte des principaux rôles dévolus à chacun des acteurs qui, à un moment ou à un autre, intervient dans le processus d'édition. Libre à vous d'approfondir certains points, pourquoi pas avec votre éditeur lorsque vous le rencontrerez ?

L'auteur

« Créateur d'une œuvre de l'esprit, l'auteur jouit d'un droit de propriété incorporelle exclusif et opposable à tous, quels que soient le genre, la forme d'expression, le mérite ou la destination de l'œuvre

---

1. *Source* : SNE, enquête de branche, échantillon 2010, in ministère de la Culture et de la Communication, *Observatoire de l'économie du livre, Le secteur du livre : chiffres clés 2010-2011*, mars 2012.
2. *Source* : TNS-Sofres pour MCC-OEL/CNL, achats de livres d'un panel de 10 000 personnes de 15 ans et plus, in ministère de la Culture et de la Communication, *Observatoire de l'économie du livre, Le secteur du livre : chiffres clés 2010-2011*, mars 2012.

de l'esprit[1]. » En tant qu'initiateur du projet et pourvoyeur de matière première, il est au cœur du processus. C'est le créateur de l'ouvrage, qu'il nourrit de sa vision, de son ressenti, de son expérience et de ses conseils. Il transforme la matière. Producteur de créativité, il constitue le premier maillon de la chaîne éditoriale, intervenant dès la phase de conception éditoriale. C'est grâce à lui que l'éditeur trouve sa raison d'être : sans auteur, pas d'éditeur... Il saura s'inscrire dans une démarche originale lui permettant de valoriser son projet. En quelque sorte, c'est un artiste, à sa façon !

L'éditeur

C'est l'acheteur de votre projet et, *de facto*, votre premier lecteur.

« L'éditeur est celui qui a le pouvoir tout à fait extraordinaire d'assurer la publication*, c'est-à-dire de faire accéder un texte et un auteur à l'existence publique[2]. » Il conçoit une politique éditoriale cohérente avec l'histoire et la stratégie de la maison d'édition* à laquelle il appartient. Les grandes questions qu'il se pose : que publier ? pour qui ? comment structurer cette offre ? Souvent qualifié « d'entrepreneur culturel[3] », il raisonne fréquemment en termes de chiffre d'affaires, de retour sur investissement, de coûts de production, de marché* ou encore de variations de stocks. Paul Desalmand force encore plus le trait, en affirmant que « chez lui, on ne parle pas de livres mais de produits, pas de lecteurs mais de clients. La question primordiale quand on décide de lancer un livre est toujours la même : est-ce qu'on va gagner de l'argent et combien[4] ? ». Dans ces conditions, l'éditeur ne peut pas se permettre de laisser une quelconque place au hasard. Il n'en demeure pas moins vrai (et vous pourrez aisément le constater lorsque vous échangerez avec lui), que c'est aussi quelqu'un qui, fort heureusement, raisonne aussi de façon pas toujours rationnelle, laissant exprimer ses goûts, ses envies et ses perceptions. C'est ce « mélange de calcul écono-

1. Eyrolles S., *op. cit.*, p. 15.
2. Bourdieu P., *op. cit.*, p. 3.
3. *Les Dessous du métier d'éditeur*, Paris, Éditions Asfored, 2009
4. Desalmand P., *op. cit.*, p. 60.

mique et d'intuitions totalement irrationnelles et affectives[1] » qui fait d'ailleurs toute la complexité et la richesse de son métier.

Les acteurs de la commercialisation

Les plus grandes maisons d'édition* disposent de leur propre réseau de diffusion, c'est-à-dire de leurs commerciaux. Les autres assurent la promotion de leurs ouvrages, soit par les services de diffusion de ces grandes structures, soit par l'intermédiaire d'autres diffuseurs (Volumen, Sofedis, CDE...). Dans tous les cas, les équipes commerciales ont pour principale mission de présenter les grandes lignes de votre livre aux responsables des librairies ou dans d'autres points de vente, puis d'enregistrer les commandes. Tout l'art réside dans la capacité à convaincre ses interlocuteurs du potentiel commercial des ouvrages. En effet, un libraire (souvent submergé par l'offre illimitée des maisons d'édition*) qui ne pressent pas le succès d'une œuvre ne sera pas enclin à lui en assurer une bonne visibilité et ne percevra pas l'intérêt de la laisser en rayon !

Pour renforcer ces actions purement commerciales, toute maison d'édition* digne de ce nom mettra en place un plan de communication (pas nécessairement onéreux) pour faire connaître votre ouvrage auprès de la cible* préalablement identifiée. Les budgets publicité des éditeurs sont souvent très serrés... Mais dès lors qu'une maison d'édition* est dotée de services marketing et de publicité (avec des attachés de presse), elle met en œuvre un ensemble de moyens permettant de « pousser » votre livre à travers différents médias (presse généraliste ou spécialisée, salons, référencements Internet, émissions de radio ou télévisées...) et, par conséquent, de toucher un maximum d'individus.

Une fois le livre lancé et commercialisé, les services commerciaux des maisons d'édition* prennent le relais, en « sortant » les chiffres de vente. Ils analysent également les stocks restants et alertent l'éditeur en cas, par exemple, de rupture de stock.

---

1. Mazel C., *op. cit.*, p. 75.

© Groupe Eyrolles

Les acteurs de la distribution

Il s'agit des acteurs qui prennent en charge les flux d'ouvrages (stockage, livraison, transport) et gèrent les mouvements financiers qui en sont la contrepartie (envois d'office ou commandes du détaillant, réassorts, gestion et tri des retours d'ouvrages). Ce sont les transporteurs, les points de vente (librairies essentiellement), les acteurs de la vente par correspondance (VPC) ou par Internet[1]. À côté des grands distributeurs nationaux comme Hachette Distribution, la Sodis ou Volumen, gravitent de nombreux prestataires locaux régionaux. Les frais de diffusion et de distribution représentent la majeure partie du prix de vente du livre (50 % environ).

Le lecteur

« Publier un livre, c'est procéder à un lâcher de vampires. Les livres sont des oiseaux secs, exsangues, affamés, qui errent dans la foule en cherchant éperdument un être de chair et de sang sur qui se poser, pour se gonfler de sa chaleur et de sa vie : c'est le lecteur », explique l'écrivain français Michel Tournier dans *Le Magazine littéraire* en 1981[2]. Le livre, qu'il soit roman, recueil de poèmes, dictionnaire ou guide pratique, a besoin du lecteur (c'est-à-dire du consommateur final) pour exister. C'est en effet ce dernier qui le choisit, qui le feuillette, qui en parle à ses amis et qui le juge.

Le livre étant un produit ne répondant pas à un besoin vital, il va s'agir de susciter chez le consommateur potentiel le désir d'acheter et de lire l'ouvrage. Comment et pourquoi un futur lecteur choisit-il un ouvrage plutôt qu'un autre dans les rayons d'une librairie ? En termes marketing*, la question est de savoir quels sont ses leviers d'achat : a-t-il choisi et acheté votre livre parce qu'il vous connaissait en tant qu'auteur ? Parce qu'une personne de son entourage le lui a recommandé ? Parce qu'il a été séduit par son « packaging » (titre, première de couverture*) ? Parce qu'il a lu un article dans la presse

---

1. *Les Dessous du métier d'éditeur, op. cit.*
2. Repris dans Tournier M., *Le Vol du vampire. Notes de lecture*, Paris, Gallimard, 1994.

spécialisée ou sur un site Internet vantant les mérites de votre ouvrage ? Ou tout simplement parce qu'il est passionné par la thématique que vous avez choisi de développer ? Et parmi tous ces leviers, quelle place l'acheteur accorde-t-il au prix du livre ? Autant de questions sur lesquelles, en tant qu'auteur-entrepreneur, il vous faudra vous attarder.

Rechercher son éditeur

Il serait dommage de ne pas aller jusqu'au bout de votre démarche et de ne pas exploiter cette œuvre sur laquelle vous travaillez depuis des mois. Cela reviendrait peu ou prou à la situation dans laquelle se trouvent nombre d'artistes qui laissent leurs toiles dans leur atelier, sans jamais oser les confronter à un regard extérieur capable de les apprécier, de les juger ou, tout simplement, de les admirer !

Votre *positioning paper* entre les mains, faites donc le pas et lancez-vous à la recherche d'éditeurs susceptibles « d'acheter » votre projet !

À ce stade, la première étape consiste à identifier votre cible d'éditeurs, à mettre en œuvre différents moyens pour entrer en contact avec eux, puis à leur présenter et à leur vendre votre œuvre. Sans une démarche proactive, vous n'irez pas bien loin. En effet, il vous appartient de vous rendre « visible », car personne ne viendra vous chercher. Comme le précise Rafael de Garay dans son ouvrage *Art et marketing*, « il n'y a pas de demande*, si vous n'indiquez pas qu'il y a une offre. N'étant ni un plombier, ni un boulanger pour lesquels existe une demande* spontanée, [l'auteur] a donc à se rendre visible, reconnaissable, pour se donner une chance d'être connu et reconnu[1] ». Alors foncez !

Cibler les éditeurs à contacter*

Le ciblage* constitue le B.A. BA de toute démarche commerciale. Il suit plusieurs étapes. Il s'agit tout d'abord de segmenter le marché* visé (en fonction de critères de ligne éditoriale ou de situation géographique,

---

1. Garay R. de, *Art et marketing*, Éditions Ars Vivens, 2008, p. 35.

ÉCRIRE UN LIVRE ET SE FAIRE PUBLIER

par exemple). Ensuite, il faut choisir parmi ces segments les cibles*
(maisons d'édition*) à solliciter en priorité. Essayez, dans la mesure du
possible, de consacrer votre temps et votre énergie aux « bonnes »
cibles, c'est-à-dire aux éditeurs qui ont l'habitude de publier des livres
pratiques dont les thématiques sont proches des vôtres.

Comment cibler les éditeurs qui seront sensibles à votre travail ?

• Compulsez les ouvrages concurrents du vôtre : dans quelle
maison d'édition* ont-ils été publiés ?

• Surfez sur les sites Internet des éditeurs et jugez, au regard du
type d'ouvrages qu'ils publient, dans quelle mesure votre travail
serait (ou non) susceptible de les intéresser.

• Rendez-vous dans les salons du livre de votre région et faites
un tour d'horizon des stands. Procurez-vous le catalogue du salon
où figurent les coordonnées des maisons d'édition* représentées.

• Consultez les annuaires de la profession, comme l'*Annuaire des
éditeurs et diffuseurs* publié par *Livres Hebdo* ou encore l'annuaire
AUDACE (Annuaire des auteurs cherchant un éditeur).

• Renseignez-vous auprès du libraire de votre quartier. Parlez-
lui de votre projet. N'hésitez pas à lui demander des conseils et à
lui poser toutes vos questions, y compris celles que vous jugez
a priori saugrenues.

Même si elle est loin d'être exhaustive, voici une liste de maisons
d'édition* publiant régulièrement des livres pratiques :

Éditions Demos
Éditions Dunod
Éditions Du Puits Fleuri
Éditions EMS
Éditions ESI
Éditions Eyrolles
Éditions First
Éditions Flammarion
Éditions Fleurus

Éditions Hachette pratique
Éditions de l'Homme
Éditions Jouvence
Éditions Larousse
Éditions Marabout pratique
Leduc. S Éditions
Éditions Solar
Éditions Trédaniel
Éditions Ulmer

Ne cherchez pas à tout prix à ne cibler que les plus grandes maisons d'édition* ; soyez ouvert aux structures peut-être moins connues du grand public, mais qui prendront le temps d'étudier en profondeur votre projet et d'y répondre peut-être tout aussi favorablement.

Entrer en contact avec son éditeur

« Une maison d'édition* a une vie propre, comme un être : elle a un visage ; elle connaît des maladies, des crises de croissance, des déceptions, des joies[1] » (Robert Laffont).

Comme un être, elle est plus ou moins grande, plus ou moins dynamique, plus ou moins complexe, plus ou moins connue. Vous pourrez constater, au gré de vos pérégrinations, qu'elles sont toutes différentes les unes des autres.

Pour les connaître un peu mieux, commencez par aller naviguer sur leur site Internet. Ensuite, si elles sont localisées dans un rayon géographique proche du vôtre, pourquoi ne pas tout simplement vous y rendre ? Peut-être ne parviendrez-vous pas à y rencontrer systématiquement un éditeur, mais sait-on jamais… Vous pourrez ainsi ressentir à quel point les conditions de travail et l'atmosphère générale qui y règnent diffèrent d'une maison à une autre. Fixez-vous pour objectif d'entrer en contact avec au moins un interlocuteur bien ciblé, afin de glaner un maximum d'informations (noms des personnes à solliciter en fonction de la thématique de votre livre, numéros de téléphone, adresses mail…) et d'envoyer ainsi votre projet à la bonne personne. Si vous vous en sentez le courage, vous pouvez même aller jusqu'à solliciter un entretien en face à face…

Un bon conseil : renseignez-vous bien sur vos interlocuteurs, afin de savoir à qui vous vous adressez exactement. Comme nous l'avons évoqué précédemment (voir p. 91), le phénomène de concentration s'accentue dans le monde de l'édition ; ainsi, si vous sollicitez simultanément les Éditions Hatier et les Éditions Hachette, sachez qu'il s'agit du même groupe !

---

1. *Source* : *www.laffont.fr.*

Présenter son projet

Tel l'artiste peintre qui, après de longues heures passées seul dans son atelier à travailler ses créations, sort de sa tanière ses toiles à la main à la recherche de lieux d'exposition, vous allez vous lancer à l'assaut des éditeurs et vous « découvrir », en présentant enfin au grand jour ce projet sur lequel vous travaillez depuis des mois, peut-être avec au ventre la crainte que votre œuvre ne retienne pas l'intérêt de vos « clients » potentiels.

Quand présenter son projet ?

Voici une question bien légitime chez les auteurs en herbe : est-il impératif d'avoir achevé son travail d'écriture avant de l'adresser à l'éditeur ? ou bien est-il envisageable de se contenter d'un projet ?

Plusieurs spécialistes du sujet estiment que, pour le livre pratique, il n'est pas nécessaire d'attendre que votre travail soit complètement abouti pour le présenter. Dites-vous bien que votre éditeur a l'œil ! Avec un sommaire ou une table des matières bien documentée, il sera déjà à même de donner un premier avis sur votre travail et de cerner immédiatement si votre projet est digne d'intérêt pour lui. Il est donc tout à fait envisageable, voire souhaitable, de n'adresser aux maisons d'édition* que votre *positioning paper* (voir p. 80), accompagné d'un sommaire et d'un extrait d'un de vos chapitres (choisissez-le le plus représentatif possible). L'éditeur qui réceptionnera votre document pourra ainsi vérifier que vous êtes capable de rédiger correctement, en « bon français », de façon claire et structurée.

Il appréciera toujours que vous lui fassiez gagner du temps en lui fournissant un document synthétique. Si votre travail le séduit, il dressera alors un cahier des charges et vous en demandera davantage. Tenez-vous donc prêt à fournir au pied levé un tapuscrit* quasi finalisé à votre éditeur, afin qu'il puisse se positionner sur votre projet. Dans tous les cas, si vous êtes amené à conclure un contrat d'édition, votre éditeur n'aura sans doute pas eu l'occasion d'apprécier le contenu de votre ouvrage dans sa totalité lors de la signature du contrat ; ne vous étonnez donc pas qu'il vous impose « des critères d'acceptation et des délais de remise[1] » clairement définis.

Un produit fini irréprochable

Quel que soit l'état d'avancement de votre livre pratique, vous êtes dans l'obligation, face à un client, de proposer un produit de qualité, même s'il n'est pas complètement terminé. Il vous faudra relire, relire encore et relire toujours. Privilégiez si possible des relectures sur version papier plutôt que sur écran ; une impression papier vous permettra de considérer votre écrit dans sa globalité et de juger plus rapidement du bon équilibre des parties. Je vous conseille d'effectuer cet exercice de relecture en deux temps : relisez d'abord à chaud, puis, plusieurs jours ou plusieurs semaines plus tard, relisez encore ! Cet exercice de relecture est extrêmement chronophage mais capital. Prenez le temps de corriger et de peaufiner votre texte jusque dans les moindres détails (pagination, notes de bas de page, titres des graphiques ou illustrations, orthographe, etc.).

Confronter son travail à un œil extérieur

Avant de vous lancer à l'assaut des éditeurs, je vous recommande vivement de tester votre concept ou votre projet, en le faisant lire à des proches en qui vous avez confiance, ou bien en le soumettant à l'avis d'internautes via un *blog**. En effet, un avis extérieur bienveillant et critique à bon escient peut s'avérer très utile pour repérer les erreurs, les incohérences et surtout pour vérifier que vos enchaînements suivent une certaine logique. Ne craignez pas de vous exposer aux critiques. « Si, au lieu d'attendre des louanges, vous demandez : "Qu'est-ce qui ne va pas

---

1. *Source : www.sne.fr.*

dans mon projet ? Comment puis-je l'améliorer ?", vous aurez plus de chances [...] d'affiner votre idée. Ce qui ne vous interdit pas d'écarter les critiques que vous estimez injustifiées[1] », notait Paul Arden.

Pleins feux sur la présentation

Imaginez un seul instant un candidat se présentant à un entretien d'embauche avec un jean troué ou un lacet défait : peu importe qu'il soit doté de toutes les qualités et compétences requises pour le poste qu'il convoite, le recruteur s'arrêtera sur sa présentation déplorable et n'aura pas envie d'aller plus loin avec lui.

De même, pensez à l'éditeur qui, quotidiennement, compulse des dizaines de projets et tourne des centaines de pages ; si vous ne lui facilitez pas la tâche en lui proposant un tapuscrit* aéré et bien présenté, votre document risque fort d'être vite classé verticalement, c'est-à-dire jeté dans sa corbeille à papiers !

Les clés d'une présentation réussie

• Du papier blanc de format dit « A4 » (21 × 29,7 cm).

• Du texte imprimé sur un seul côté de chaque feuille (le recto verso fait mauvaise figure).

• Des interlignes suffisamment espacés et une police de texte facilitant la lecture.

• Des marges permettant la prise de notes.

• Un document paginé.

• Une page de garde à la fois sobre dans la forme et exhaustive dans le contenu : indiquez-y votre nom, vos coordonnées, le titre provisoire de votre livre pratique ainsi que la date. Ne cherchez surtout pas à imiter les chartes graphiques et identités visuelles des éditeurs ciblés, au risque de les indisposer.

• Un document idéalement relié par spirales.

1. Arden P., *op. cit.*, p. 26-27.

Vendre son projet

Votre document de présentation de référence, que nous avons appelé *positioning paper* (voir p. 80-81) est prêt. Votre travail d'écriture est finalisé (ou presque). Vous avez envoyé votre projet à une dizaine de maisons d'édition*. Mais depuis, plus rien… L'attente est longue et vous mourrez d'envie de relancer vos interlocuteurs. Gardez-vous de vous montrer trop insistant, au risque de froisser votre potentiel « acheteur ». Vous attendez. Arrive finalement le jour où l'une des maisons d'édition* que vous aviez ciblées vous appelle pour vous signifier que votre projet de livre pratique pourrait l'intéresser. À ce moment-là, vous serez peut-être tenté de vous pincer pour vérifier que vous ne rêvez pas ! En tout état de cause, vous vous sentirez pousser des ailes !

À ce stade, une autre étape de taille vous attend avant d'avoir la joie de feuilleter votre livre en librairie : vendre votre projet et vous vendre vous-même, en tant qu'auteur… Vous entrez alors dans une phase où la dimension relationnelle prend une importance toute particulière…

Que vendre à son éditeur ?

Inutile de vous présenter au rendez-vous si vous ne vous êtes pas renseigné en amont sur votre éditeur et si vous n'avez pas revu les grandes lignes de votre projet. Ce que cherchera avant tout à vérifier votre interlocuteur, c'est que vous dominez parfaitement votre sujet.

Son *positioning paper*

Même s'il est souhaitable de disposer, le jour du premier entretien avec votre éditeur, de votre tapuscrit* complet sur vous, le seul incontournable que vous devez lui présenter est votre *positioning paper*, dont vous maîtriserez le contenu par cœur. En effet, lors de cette première entrevue, tout va se jouer sur les points clés de votre projet : le descriptif de votre livre pratique (constat, rationnel*, objectifs pédagogiques suivis, délimitation du sujet et déroulé de l'ouvrage), une étude de marché* (cible de lecteurs potentielle, concurrence) et un résumé de votre parcours professionnel (voir p. 80-81).

Votre objectif sera atteint si, au terme de cette présentation synthétique, votre éditeur est convaincu que vous maîtrisez votre sujet, que ce dernier peut rencontrer l'intérêt d'un lectorat identifié et que votre projet est susceptible de trouver sa place dans sa ligne éditoriale.

Son curriculum vitae

Voici un autre élément qui vous sera systématiquement demandé par les maisons d'édition* : votre CV. L'inclure dans votre *positioning paper* est une bonne option.

Votre CV d'auteur ne sera pas identique à votre CV professionnel, à moins que vous viviez de votre plume... Même si vous n'avez encore jamais décroché de contrat d'édition, ne faites pas l'impasse sur la rédaction d'un CV d'auteur, aussi succinct soit-il. Insérez-y une courte biographie, puis présentez de façon très synthétique vos principales expériences, idéalement par ordre chronologique. Pensez à y inclure toute information en lien avec le sujet que vous envisagez de traiter ; il peut s'agir de votre formation, de votre expérience professionnelle comme de vos *hobbies*. Encore une fois, dites-vous que, même si vous êtes novices dans l'écriture et/ou la publication* de livres pratiques, il est tout à fait possible de convaincre un éditeur de vous faire confiance. Nul besoin en effet de s'appeler obligatoirement Jean-Marie Peretti pour écrire un livre sur la gestion des ressources humaines ! Rappelez-vous que ce que va rechercher en premier lieu votre éditeur, c'est votre légitimité par rapport au sujet, votre capacité à écrire correctement et à transmettre vos messages de façon logique et pédagogique, ainsi que votre sérieux et votre force de conviction.

Bien sûr, si vous êtes déjà auteur d'un ou plusieurs ouvrages, publications*, thèses, articles de presse..., mettez l'accent sur ces réalisations ; c'est un atout indéniable qui retiendra à coup sûr l'intérêt de votre interlocuteur.

Dans tous les cas, votre CV devra être à la fois complet et synthétique : il est coutume de dire qu'un « bon » CV doit tenir sur une page.

Vous devez le connaître par cœur, de façon à en présenter au pied levé les grandes lignes.

Comment le lui vendre ?

C'est avant tout votre projet que vous vendez. Mais indirectement, à travers la présentation que vous en faites, vous assurez aussi votre autopromotion en tant qu'auteur. À l'instar de votre produit, vous devez donc être irréprochable. Comme on le dit souvent en matière de recrutement, on a rarement l'occasion de faire deux fois une première bonne impression et les premières secondes d'entretien sont décisives.

L'auteur de livres pratiques que vous êtes doit donc connaître et appliquer quelques techniques de base de communication et de vente. Loin de moi l'idée de vous transformer en parfait commercial ; cela serait d'ailleurs inutile. J'aimerais simplement vous sensibiliser au fait que pour jouer d'emblée les bonnes cartes avec votre éditeur, il vous faut miser sur une communication orale sans faille, vous mettre en valeur, savoir exprimer vos motivations profondes et ne pas avoir honte de vous vendre : je suis en effet convaincue que « tout le monde vend ou se vend, avec des techniques qui sont propres à chacun ! C'est vrai pour la boulangerie du métro parisien qui diffuse une odeur de croissants en vue d'attirer les clients, comme pour la candidate qui se rend à un entretien d'embauche après avoir pris soin de se maquiller et de s'habiller selon les codes vestimentaires de la société convoitée[1] ».

L'importance de la communication

Devant votre interlocuteur, attachez-vous à délivrer vos messages de façon claire et concise. Pour cela, préparez en amont de votre entretien des réponses aux questions type qui vous seront sans doute posées sur vos motivations, votre projet de livre pratique, vos sources d'inspiration, vos précédentes expériences, etc. Maîtriser le fond de vos messages vous sera d'une aide précieuse pour les délivrer efficacement.

---

1. Bourgeois L., *op. cit.*, p. 103-104.

Montrez à votre éditeur que ce travail d'écriture vous a passionné : souriez, soyez ouvert et faites-lui sentir votre envie et votre conviction. N'oubliez pas que l'image que vous avez de vous-même et de votre travail détermine la façon dont les autres vous perçoivent. Votre interlocuteur doit ainsi percevoir l'enthousiasme qui vous a porté jusqu'au dernier mot de votre livre pratique.

Ne vous dévalorisez pas : si vous êtes convaincu que votre projet a de la valeur, affirmez-le avec conviction, sans toutefois paraître prétentieux. Bannissez de votre communication les mots parasites tels que « petit », « petit peu » et « un peu ».

Soyez à l'écoute ! Être à l'écoute de votre interlocuteur vous permettra de bien cerner ses attentes et de traiter ses éventuelles objections ou questions. N'hésitez pas à reformuler ses propos pour les clarifier et y répondre au mieux.

Trois techniques simples à appliquer

• *Questionnez* votre interlocuteur, afin de clarifier ses propos et de recueillir toutes les informations utiles. Privilégiez autant que faire se peut les questions ouvertes, c'est-à-dire celles pour lesquelles votre interlocuteur a d'autres alternatives que de répondre obligatoirement par l'affirmative ou par la négative.

• *Reformulez* les propos de votre interlocuteur, en exprimant sous une autre forme ce qu'il vient de dire. Exemple : « Si je comprends bien, mon projet peut vous intéresser parce que... » Vous lui signifiez ainsi que ses messages ont bien été entendus et compris.

• *Synthétisez* les principaux messages issus de la discussion, en vous efforçant de résumer, à la fin de chaque séquence de communication, les informations transmises par votre interlocuteur sous forme de messages clés.

Un bon conseil : entraînez-vous en toutes circonstances à pratiquer ces exercices de communication. Vous les maîtriserez d'autant plus facilement que vous en percevrez les bénéfices susceptibles d'en être retirés.

L'expression de ses motivations

Voici sans doute une question que ne manquera pas de vous poser votre éditeur : quelles motivations vous ont-elles conduit à vous lancer dans l'écriture de ce livre pratique, et pourquoi souhaitez-vous le faire publier ?

Je vous encourage à travailler sur vos motivations profondes, c'est-à-dire sur ce moteur qui, jour après jour, vous a fait prendre votre plume, aller à la recherche d'une somme d'informations considérable, les synthétiser, les agencer et les mettre en forme avec la plus grande rigueur.

Vous êtes-vous lancé dans ce travail d'écriture pour consigner dans un livre tout votre savoir ou votre savoir-faire sur ce sujet qui vous tient à cœur et que vous souhaitez transmettre ?

Au travers de votre œuvre, avez-vous envie de laisser une trace durable de votre passage sur terre ? de vous faire connaître ?

Avez-vous tout simplement envie de vous faire plaisir, mû par le désir de comprendre et de décortiquer un sujet, une question ou une problématique qui vous passionne ?

Est-ce par pure « nécessité intérieure[1] », c'est-à-dire pour répondre à un besoin profond de créativité, d'accomplissement intérieur et de réalisation de votre moi profond, que vous avez décidé de passer à l'acte d'écriture ? Cette démarche, centrée sur le produit (logique de l'offre) et non sur le consommateur (logique de la demande*), vise la satisfaction des besoins profonds d'expression.

Ou, au contraire, marqué par un esprit *business* à toute épreuve, avez-vous constaté qu'aucun ouvrage traitant du sujet n'existait encore sur le marché*, et qu'il est donc possible de répondre à un besoin identifié mais non encore couvert ?

---

1. L'expression « nécessité intérieure » a été utilisée pour la première fois par le peintre russe V. Kandinsky au début du XXe siècle. Pour lui, la seule loi immuable de l'art était dictée par la « nécessité intérieure » de l'artiste.

Enfin, vous êtes-vous lancé dans ce travail d'écriture dans une optique de recherche d'emploi ? Sans forcément constituer LA carte de visite indispensable, le fait d'avoir écrit et publié un ouvrage est toujours une bonne ligne sur votre CV. Cette expérience met en effet en avant vos capacités de traitement de données, de persévérance, de synthèse, mais aussi de communication, de présentation et d'assertivité commerciale. Enfin, la thématique choisie peut éclairer le recruteur sur votre personnalité.

Parfois, vos motivations ne trouveront leur source dans aucune de ces raisons. Vous demeurez le seul à pouvoir les identifier et les exprimer.

Dans tous les cas, évitez de mettre en avant un quelconque intérêt financier auprès de votre éditeur. Car à moins de s'appeler Jean d'Ormesson ou Amélie Nothomb, très rares sont les auteurs ou écrivains qui parviennent à ne vivre que de leur plume… Comme nous le verrons dans la dernière partie de cet ouvrage, il faudrait que votre livre pratique soit un réel *best-seller* pour pouvoir espérer en tirer un revenu significatif.

Comprendre et gérer les refus

Ne vous attendez pas à ce que les maisons d'édition* auxquelles vous avez adressé votre travail se précipitent toutes sur leur téléphone pour vous annoncer une bonne nouvelle. Tout d'abord, sachez que le délai de réponse est long, allant de quelques semaines à plusieurs mois ; en moyenne, le délai de réponse aux auteurs est de trois mois. Par ailleurs, ne vous voilez pas la face : les refus sont largement majoritaires en termes de pourcentage de réponses données. Les avis favorables et les acceptations demeurent des exceptions.

Quelles sont donc les raisons qui poussent les éditeurs à répondre négativement aux auteurs en herbe dans, dit-on, 99 % des cas ?

Identifier les raisons de refus

Les refus de manuscrits sont le plus souvent motivés par les raisons suivantes :

- soit parce que les manuscrits ne sont pas en adéquation avec la ligne éditoriale de la maison d'édition* identifiée. Exemple : votre guide pratique aborde une thématique en lien avec le *business*, et vous l'adressez à un éditeur spécialisé dans l'art de vivre et la gastronomie ;

- soit parce qu'ils sont jugés de « mauvaise qualité », trop peu travaillés ou aboutis. Exemple : votre texte est truffé de fautes d'orthographe et d'erreurs de syntaxe* ;

- soit parce que le thème retenu et votre façon de l'aborder ont déjà fait l'objet de nombreuses publications*. Par exemple, vous avez décidé de livrer vos meilleures recettes de pâtes car vous pensiez que la crise aidant, ce serait le succès assuré ! Mais voilà : les éditeurs vous font comprendre que vous êtes le énième auteur à écrire sur le sujet et que ni vos recettes, ni la façon de les présenter ne font preuve d'originalité par rapport aux ouvrages existant sur le marché* ;

• soit parce que la cible* à laquelle vous vous adressez est trop restreinte ou trop spécialisée pour permettre une distribution *via* les circuits classiques. Exemple : vous envisagez d'écrire sur le travail du bois pour ébénistes confirmés ;

• soit parce que l'éditeur estime qu'il n'y aura pas assez de demande et que, de ce fait, il considère que votre projet risque de ne pas être assez rentable. Une rentabilité prévisionnelle estimée insuffisante impliquera donc qu'il préférera ne pas prendre le risque d'investir dans votre ouvrage ;

• soit parce que certaines maisons d'édition* ne travaillent tout simplement qu'avec leurs auteurs « maison », et ce d'autant plus s'ils sont liés avec elles par une clause de préférence (voir p. 124).

Persévérer et recommencer

Imaginez un monde parfait, où tous les projets seraient formidables et où tous les manuscrits seraient acceptés par les éditeurs. Pensez-vous réellement que ce monde vous satisferait ? Il vous priverait sans doute de pouvoir développer deux qualités sous-jacentes à toute réussite : la ténacité et la détermination.

Ne baissez jamais les bras... Pour preuve l'anecdote suivante rapportée par Brigit Hache dans son ouvrage *Écrire et trouver ses lecteurs*[1].

---

1. Hache B., *op. cit.,* p. 137.

Comment un guide pratique refusé est devenu un *best-seller*...

Qui aurait pu penser que le premier ouvrage de Michel Montignac paru en 1986, *Comment maigrir en faisant des repas d'affaires*, qui a mis des années avant d'être considéré en France comme un *best-seller*, s'est finalement vendu à plus de cinq cent mille exemplaires ? Fort de ce succès, l'auteur a publié l'année suivante *Je mange donc je maigris*, qui n'est autre que la version grand public de sa méthode. Paru dans une quarantaine de pays, ce livre s'est vendu à plus de 16 millions d'exemplaires !

Ainsi, comme le note Brigit Hache, « volonté, détermination et confiance en soi sont de mise[1] ».

Les maîtres-mots de la réussite ? volonté et ténacité.

La volonté fait référence au désir, à ce moteur souvent inconscient qui vous fait avancer du matin jusqu'au soir. Ainsi, un manque de désir ou de vouloir-faire constitue un défaut impardonnable empêchant toute réussite. « Continuez, accrochez-vous, cela va finir par payer » m'avait dit Armande B., ma libraire (Armande B. travaille à la librairie « La Belle Lurette » dans le quartier du Marais, à Paris). Elle avait raison.

La ténacité est votre deuxième alliée. Faire preuve de ténacité et de persévérance implique d'accepter que vos travaux soient parfois jugés défavorablement, que certains éditeurs n'apprécient pas votre travail (même si vous êtes convaincu qu'il s'agit d'un « bon » travail...), sans jamais considérer ces refus comme des rejets personnels. Ceci est à l'évidence plus facile à dire qu'à faire... Car persuadé que vous avez fourni un travail de qualité, vous avez sans doute du mal à vous remettre en question. Peut-être n'arrivez-vous même pas à envisager un seul instant comment la maison d'édition* ait pu refuser votre projet ! Il vous faudra pourtant constamment vous remettre en ques-

---

1. *Ibid.*

tion, être conscient de vos points d'amélioration et reconnaître vos erreurs. Ne pas tenter d'identifier puis d'analyser de façon objective les raisons des refus des éditeurs pour rectifier le tir reviendrait à commettre une nouvelle erreur. Comme l'exprimait à juste titre Paul Arden, « on a tort d'avoir raison, car ceux qui ont raison sont des gens englués dans le passé, des gens ternes et suffisants, à l'esprit rigide. Il n'y a rien à en tirer[1] ».

Procédez étape par étape

• Envoyez dans un premier temps votre projet à une dizaine de maisons d'édition*.

• Laissez-vous le temps de recueillir les retombées de cette première vague d'envois. Pour vivre au mieux cette période d'attente, rien ne vous empêche de continuer à peaufiner votre projet, et, pourquoi pas, d'engager une réflexion sur un deuxième ouvrage ?

• Relancez vos interlocuteurs si vous n'avez pas de réponse après trois mois d'attente.

• Procédez à une seconde vague d'envois auprès d'autres éditeurs, afin de maximiser vos chances d'acceptation de votre projet.

D'une façon générale, je vous engage à tenir une liste à jour des interlocuteurs ciblés, de manière à ne pas envoyer deux fois le même projet à la même maison d'édition* ou à ne pas relancer à tort un éditeur qui vous aurait déjà répondu.

Accrochez-vous ! Cela finira par « payer » et les pages qui vont suivre prendront alors tout leur sens...

---

1. Arden P., *op. cit.*, p. 55.

CINQUIÈME PARTIE
Suivre son projet avec son éditeur

Victoire ! Après plusieurs semaines d'attente, cette maison d'édition* dont vous guettiez un signe vient de vous appeler pour vous annoncer qu'elle retient votre projet de livre pratique ! Vous n'osiez pourtant plus y croire… Cette nouvelle vous donne des ailes. Vous savez que, bientôt, vous aurez l'immense satisfaction de contempler le résultat concret d'un long processus de création sur lequel vous vous êtes investi de longues heures. Si le plus dur est fait, il vous reste néanmoins, à ce stade, à vous impliquer dans toutes les étapes qui vont se succéder jusqu'à la sortie de votre livre en librairie et à sa commercialisation.

La première étape consiste à signer votre contrat, muni de toutes les informations utiles tant sur le contenu même dudit document, que sur le statut d'auteur. La seconde étape se construit autour d'un partenariat entre votre éditeur et vous-même, avec pour objectif final l'optimisation des ventes de votre livre. En tant qu'auteur, nous verrons que votre implication est essentielle au succès de votre œuvre. Votre livre vivra autant que vous contribuerez à le faire vivre, aux côtés de votre éditeur.

Signer son contrat

La lecture d'un contrat d'édition n'est pas toujours aisée, surtout pour des novices dans le domaine ! Quelques explications de texte vous seront donc fort utiles...

Tout d'abord, qu'entend-on exactement par contrat d'édition ?

L'article L. 132-1 du Code de la propriété intellectuelle* définit le contrat d'édition comme « le contrat par lequel l'auteur d'une œuvre de l'esprit ou ses ayants droit cèdent à des conditions déterminées à une personne appelée éditeur le droit de fabriquer en nombre des exemplaires de l'œuvre, à charge pour elle d'en assurer la publication* et la diffusion ».

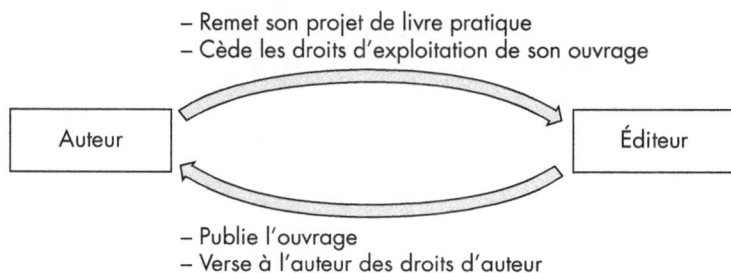

- Remet son projet de livre pratique
- Cède les droits d'exploitation de son ouvrage

Auteur		Éditeur

- Publie l'ouvrage
- Verse à l'auteur des droits d'auteur

Je vous conseille vivement de lire avec attention votre contrat. Si vous constatez qu'il stipule que l'auteur doit prendre à sa charge tout ou partie des frais de publication* et/ou de diffusion, il s'agit dans ce cas, non pas d'un vrai contrat d'édition, mais d'un contrat appelé « à compte d'auteur » ou « de compte à demi », pour lequel l'éditeur n'accepte pas d'assumer seul le risque financier inhérent à la publication* de votre livre pratique.

Se renseigner avant de signer

Afin d'être armé pour poser au moment voulu toutes les questions à votre futur éditeur et de signer votre contrat dans les meilleures conditions, je vous encourage à prendre connaissance :

• des modèles de contrats types disponibles auprès de la Société des gens de lettres (SGDL) ou du Syndicat national de l'édition (SNE) ;

• des textes du Code de la propriété intellectuelle* (CPI), surtout pour celles et ceux d'entre vous que les termes juridiques ne rebutent pas.

Il vous sera ainsi aisé de comparer le contrat qui vous est proposé avec les pratiques contractuelles en vigueur et de ne pas signer à l'aveuglette.

Reportez-vous à la présentation d'un contrat d'édition en annexe 3.

Les contrats d'édition comportent tous des clauses communes, étant entendu, comme le précisent les textes de la Société civile des auteurs multimédia (SCAM), que « toutes les clauses d'un contrat d'édition peuvent séparément faire l'objet d'une négociation[1] ». Dans tous les cas, le contrat doit obligatoirement être écrit.

L'étendue des droits cédés

La nature des droits

Signer votre contrat d'édition revient à céder à votre éditeur le droit de publier votre livre pratique, généralement sous la forme d'un ouvrage « papier » relié et diffusé en librairie. Toutefois, votre contrat peut indiquer d'autres formes de reproduction, par exemple une diffusion sur Internet, sur CD-Rom ou via un livre électronique (*e-book**), etc. Par ailleurs, « l'éditeur choisira d'exploiter ces repro-

---

1. SCAM, Service juridique, *Observation sur les contrats d'édition*, p. 1 (*source* : *www.scam.fr*).

ductions en direct ou par l'intermédiaire d'un tiers comme les traductions, les éditions en livre de poche [...], mais aussi l'exploitation sonore et graphique[1] », étant entendu que « les droits qui ne sont pas expressément cédés à l'éditeur dans le contrat demeurent la propriété de l'auteur[2] ».

La cession des droits dans le temps et dans l'espace

Votre éditeur est susceptible d'exploiter votre livre pratique pendant toute la durée de votre vie, et jusqu'à soixante-dix ans après votre décès (auquel cas vos droits iront au profit de vos ayants droit).

Par ailleurs, votre éditeur vous proposera sans doute une délimitation de la zone géographique au sein de laquelle il compte exploiter votre ouvrage. Cette clause peut être négociée entre les deux parties. Si l'option d'une publication* à l'étranger vous tente, votre éditeur pourra négocier au mieux les droits de traduction et, *in fine*, en assurer une exploitation optimale.

La rémunération de l'auteur

Certes, en tant qu'auteur d'un livre pratique, nous avons établi le fait que vous êtes à la fois producteur, marketeur et vendeur. Mais ne vous attendez pas pour autant à générer du chiffre grâce à la publication* de votre premier ouvrage ! Plus que l'attrait financier, c'est le plaisir de créer et la satisfaction de pouvoir feuilleter votre livre en librairie qui vous guidera dans votre parcours.

Les droits d'auteur

Votre rémunération, en tant qu'auteur, est désignée sous le nom de « droits d'auteur* ». Concrètement, il s'agit d'un pourcentage du prix de vente hors taxe (PV HT)[3] versé pour chaque exemplaire

---

1. La Bretesche G. de, Pelissier F., *op. cit.*, p. 144.
2. SCAM, Service juridique, *Observation sur les contrats d'édition*, p. 2 (*source : www.scam.fr*).
3. Pour le livre, le taux de TVA applicable est de 7 % depuis le 1ᵉʳ avril 2012.

vendu, qui correspond à la contrepartie de la cession de vos droits au profit de l'éditeur. Pour les livres pratiques, ce pourcentage varie entre 6 % à 10 % du PV HT. Tout dépend de la nature de votre ouvrage et de votre notoriété. Notez que la répartition de ce pourcentage de vente est, dans certains cas, proportionnelle au nombre d'exemplaires vendus. Par exemple, vous pouvez percevoir 8 % du 1er au 2 000e exemplaire, puis 10 % au-delà.

Pour un livre pratique, « les chances de fortes ventes étant plus nettes que pour le littéraire, cette progressivité fait converger les intérêts de l'auteur et ceux de l'éditeur », note Paul Desalmand[1]. Plusieurs options sont envisageables en termes de répartition de droits et cette clause peut éventuellement faire l'objet d'une négociation avec votre éditeur.

L'à-valoir*

Vous entendrez peut-être également parler « d'à-valoir* ». De quoi s'agit-il exactement ? D'une somme d'argent garantie que vous verse votre éditeur avant même que vous ayez vendu le premier exemplaire de votre livre pratique. Cette somme vous est acquise, quelles que soient les ventes futures de votre ouvrage. C'est donc un risque que prend votre éditeur. L'absence d'à-valoir* implique qu'*a minima*, votre éditeur indique sur votre contrat d'édition un nombre d'exemplaires minimums constituant le premier tirage. Soyez extrêmement vigilant sur ce point : certains contrats ne prévoient ni de tirage minimal, ni d'à-valoir*...

Le montant de l'à-valoir* est variable et peut faire l'objet d'une négociation. En tant qu'auteur, il va de soi qu'il est dans votre intérêt de solliciter un montant le plus élevé possible.

Mais attention : si l'à-valoir n'exclut pas les droits d'auteur*, il en retarde le versement. Si votre éditeur vous a versé par exemple 1 000 euros d'à-valoir à la signature de votre contrat, vous ne pourrez percevoir de droits d'auteur* qu'à partir de 1 001 euros de chiffre d'affaires.

---

1. Desalmand P., *op. cit.*, p. 287.

Les textes de la SCAM précisent que « pour éviter toute équivoque en cas de résiliation anticipée du contrat ou de mévente, il convient de faire préciser dans le contrat que l'à-valoir constitue un minimum garanti qui restera acquis à l'auteur en toute hypothèse[1] ».

Réalités financières

À l'instar d'autres domaines d'activité artistiques ou culturels, extrêmement rares sont les auteurs qui parviennent à vivre de leur plume et quasiment tous exercent une ou plusieurs activités parallèles, guidés avant tout par des raisons financières.

Un calcul facile à faire

Le calcul est simple… mais malheureusement loin de refléter les heures, semaines et mois de travail passés à écrire, documenter, lire et relire votre livre pratique !

Par exemple, sur un livre pratique vendu en librairie 20 € TTC (soit 18,96 € HT), la somme qui vous revient au titre de droits d'auteur* de 8 %, est de $0,08 \times 18,96$ € = 1,52 € par exemplaire vendu.

Pour « gagner » mensuellement l'équivalent d'un SMIC net[2], cela implique que vous parveniez à vendre 722 exemplaires par mois !

Ne vous attendez donc pas à pouvoir vivre de votre livre ; soyez conscient qu'un guide pratique qui se vend à mille cinq cent ou deux mille exemplaires peut déjà être considéré comme un beau succès.

Toutefois, en dépit du peu d'attrait financier que représentent l'écriture et la publication* d'un ouvrage, la production et la commercialisation de livres pratiques continuent de croître à un rythme effréné.

---

1. SCAM, Service juridique, *Observation sur les contrats d'édition*, p. 5 (*source* : *www.scam.fr*).
2. Le SMIC net 2012 est de 1 096,94 euros (base 35 heures).

Les obligations de l'éditeur

Dès lors que le contrat s'exécute, l'éditeur est soumis à un certain nombre d'obligations, prévues par le Code de la propriété intellectuelle* :

- l'obligation de publier l'ouvrage dans un délai imparti est certainement la principale obligation qui incombe à l'éditeur, dont c'est la raison d'être. Ce délai s'apprécie généralement à compter de l'acceptation par la maison d'édition* de la version définitive de votre tapuscrit*, et non de la date de sa remise par l'auteur. Soyez vigilant sur ce point. L'idéal consiste à négocier avec lui, pour que le délai de publication* coure à partir du moment où vous lui remettez la première version de votre ouvrage. À défaut de publication* dans le délai indiqué dans le contrat, vous êtes en droit de réclamer des dommages et intérêts ;

- l'obligation d'une exploitation permanente et suivie, consignée dans l'article L. 132-12 du Code de la propriété intellectuelle*, signifie que votre éditeur doit se donner tous les moyens pour faire en sorte que votre livre pratique soit disponible auprès des « consommateurs » : présence en librairies, dans d'autres points de vente et sur Internet. Si votre ouvrage est épuisé, votre éditeur est dans l'obligation de le réimprimer, c'est-à-dire de procéder à un retirage à l'identique du premier tirage. Le non-respect de cette obligation est susceptible d'entraîner une résiliation de plein droit du contrat qui vous lie à votre éditeur ;

- l'obligation de rémunérer l'auteur et de lui transmettre régulièrement un relevé de droits. C'est ce qu'on appelle la reddition des comptes. Ceux-ci vous seront soumis annuellement. Comme dans la plupart des entreprises, la clôture des comptes intervient en fin d'année (30 novembre ou 31 décembre). À compter de cette date, le contrat prévoit un délai maximum (de trois à six mois en fonction des maisons d'édition*) pour vous adresser un relevé de compte vous permettant de savoir combien d'ouvrages ont été vendus sur la période considérée. Si le solde (recettes moins dépenses) de votre compte est positif, votre éditeur procédera alors au versement de vos droits d'auteur* ;

- l'obligation d'indiquer dans le contrat un nombre minimum d'exemplaires constituant le premier tirage, surtout lorsqu'il n'est pas prévu d'à-valoir* (voir p. 120). Le nombre d'exemplaires est variable et dépend « du prix de revient (frais de création et de fabrication), des frais de promotion, des droits d'auteur*, des perspectives de ventes, augmentées le cas échéant des produits secondaires que sont les opérations spéciales et les cessions de droits[1] » ;

- l'obligation de définir le format de l'ouvrage et d'en fixer le prix. Là encore, votre éditeur s'appuiera sur des données chiffrées lui permettant de garantir le meilleur retour sur investissement, le tout en cohérence avec le format du livre pratique, son contenu et la cible à laquelle il s'adresse ;

- l'obligation d'effectuer, une fois votre livre produit et diffusé, le dépôt légal d'au moins un exemplaire de votre ouvrage auprès de la Bibliothèque nationale. Ce dépôt vise à assurer « le contrôle bibliographique universel et permet l'élaboration et la diffusion de bibliographies nationales[2] » ;

- l'obligation de prévenir l'auteur dans le cas d'une mise au pilon (c'est-à-dire d'une destruction) d'une partie ou de la totalité du stock. Nombreux sont les contrats d'édition qui confèrent à l'éditeur la possibilité de détruire une certaine quantité d'exemplaires fabriqués, afin d'optimiser la gestion de ses stocks et, par là même, de réduire ses coûts. Notez que si la maison d'édition* estime, chiffres à l'appui, que votre livre pratique est un échec commercial, elle est en droit de procéder à une mise au pilon total. Dans ce cas, elle doit vous prévenir deux mois au moins avant la mise au pilon partielle de votre livre. Afin d'éviter tout malentendu, le contrat d'édition prévoit que le nombre minimal d'exemplaires vendus sur une année doit être supérieur à un certain pourcentage du stock initialement fabriqué (5 % à 10 %, en général). Il vous laissera la possibilité de racheter le stock concerné à un prix préférentiel.

---

1. *Source* : *www.sne.fr*.
2. *Source* : Wikipédia, « Dépôt légal », mise à jour janvier 2012.

Les obligations de l'auteur

L'auteur est lui aussi soumis à plusieurs contraintes :

- l'obligation de remettre à l'éditeur un tapuscrit* correspondant aux dispositions prévues dans le contrat d'édition. Dans son article L. 132-9, le Code de la propriété intellectuelle* mentionne l'obligation pour l'auteur de remettre à l'éditeur, dans le délai fixé dans le contrat, l'œuvre « en une forme qui en permette la fabrication normale, c'est-à-dire en état d'être publiée[1] ». En général, il s'agit de la version électronique finale et complète du tapuscrit*, que vous aurez pris soin de peaufiner dans le fond comme dans la forme, de façon à ce que votre éditeur ait le moins de corrections possibles à y apporter.

- l'obligation de procéder aux corrections, ajouts et/ou modifications demandés par votre éditeur en respectant un planning fixé ;

- l'obligation de remettre à l'éditeur une œuvre originale, c'est-à-dire pensée et créée par vous. En cas de plagiat (voir p. 127 et suivantes), c'est votre responsabilité (et non celle de votre éditeur) qui est engagée, ce qui signifie qu'en cas de litige, votre éditeur est en droit de se retourner contre vous. Comme nous l'avons largement précisé dans la deuxième partie de cet ouvrage, n'omettez pas de référencer tout élément emprunté à un autre auteur. De même, veillez à donner avec précision la source des illustrations utilisées et à obtenir les autorisations nécessaires à leur reproduction ;

- l'obligation de remettre à l'éditeur une œuvre ne comportant aucun propos diffamatoire ou interdit par la loi ;

- l'obligation de respecter le caractère exclusif de la cession à votre éditeur.

La clause de préférence

L'article L. 132-4 du Code de la propriété intellectuelle* dispose qu'est « licite la stipulation par laquelle l'auteur s'engage à accorder

---

1. *Source : www.sne.fr.*

un droit de préférence à un éditeur pour l'édition de ses œuvres futures de genres nettement déterminés[1] ». En d'autres termes, il s'agit de contractualiser une relation de partenariat avec ce premier éditeur qui a accepté de miser sur vous. Ainsi, en acceptant une telle clause, vous vous engagez à lui soumettre en priorité vos prochains projets. La Société des Gens de lettres précise que ce droit est limité à cinq ouvrages nouveaux ou pour cinq ans, étant entendu que « le genre d'ouvrages sur lesquels porte cette exclusivité doit être claire-ment déterminé : biographies, essais, romans, recueils poétiques, nouvelles, etc. C'est pour l'éditeur l'assurance que vous allez lui rester fidèle au moins au début ![2] ».

La fin du contrat

Un contrat d'édition arrive à terme à l'expiration de la durée d'exploitation de l'œuvre, c'est-à-dire soixante-dix ans à compter de la signature du contrat. Mais cette rupture peut être anticipée, soit par une décision de justice (par exemple en cas de non-respect de l'une des clauses dudit contrat), soit par une résiliation de plein droit (c'est-à-dire que le contrat s'éteint *de facto*, par exemple si la maison d'édition* est mise en liquidation judiciaire ou cesse son activité), soit d'un commun accord entre les parties.

1. *Source* : *www.sgdl.org.*
2. La Bretesche G. de, Pelissier F., *op. cit.,* p. 156.

Protéger son œuvre

Souvenez-vous lorsque vous étiez élève : ne vous est-il jamais arrivé de mettre votre bras devant votre cahier ou votre copie pour empêcher les autres de voir ce que vous écriviez ? Caricature poussée à l'extrême, quoique... La discrétion et la confidentialité sont de mise dans le monde de l'édition. La concurrence y est rude ; telle maison d'édition* publie-t-elle en janvier un livre pratique sur le métier de photographe ? Voici que telle autre maison concurrente se jette sur la même thématique, en lançant en décembre un ouvrage similaire. Et ce n'est pas toujours qu'une question de hasard...

Il est donc important de garder une confidentialité absolue autour de votre projet. Abstenez-vous de l'adresser par mail, à moins qu'il s'agisse de votre éditeur ! De même, ne laissez jamais traîner le support (papier ou numérique) contenant votre texte, au risque de le voir repris par quelqu'un d'autre. Et avant d'adresser votre projet aux éditeurs convoités, je vous recommande de prendre le maximum de précautions car vous n'êtes pas à l'abri de mauvaises surprises.

Halte au plagiat !

Rechercher les informations pertinentes qui vont alimenter le contenu de votre livre pratique vous imposera de recourir, à un moment ou à un autre, à Internet (voir p. 53). Dès lors, attention à ne pas « tomber » dans le plagiat. En effet, afin de gagner en productivité, vous serez peut-être tenté de reprendre des paragraphes entiers déjà rédigés (mais pas toujours bien écrits...) sur votre thématique de prédilection, en pratiquant la technique bien connue du « copier-coller ». Si tel est le cas et que vous omettez, volontairement ou non, de citer vos sources, c'est comme si vous voliez le travail de l'autre en le faisant passer pour le vôtre : c'est du plagiat.

Plus précisément, il s'agit d'« une faute morale et/ou commerciale consistant à copier un auteur ou créateur sans le dire, ou à fortement s'inspirer d'un modèle que l'on omet délibérément ou par négligence de désigner[1] ».

Assimilable à un délit, le plagiat est assorti de lourdes sanctions relevant du domaine pénal. Un auteur reconnu coupable de plagiat peut en effet être puni, selon le Code de la propriété intellectuelle*, d'emprisonnement et de sanctions pécuniaires.

Rappelons qu'en tant qu'auteur, vous demeurez toujours responsable des écrits transmis à votre éditeur, ce dernier ne pouvant en aucun cas être tenu pour responsable en cas de plagiat.

Comment le détecter ?

Il existe aujourd'hui des moyens très efficaces de détection, utilisables tant par les éditeurs que par tout auteur désireux de s'assurer ou de prouver que ses idées, ses propos ou ses bonnes astuces n'ont pas été repris postérieurement par quelqu'un d'autre.

Là encore, Internet vous sera d'un précieux secours. Il vous permettra, par exemple, de détecter un texte potentiellement plagié, à l'aide de mots ou phrases clés que vous entrerez sur un moteur de recherche puissant. Depuis peu, les internautes peuvent également avoir accès à des sites permettant d'analyser un document en ligne sans avoir obligatoirement à installer de logiciel[2].

Le processus de détection s'établit sur la base d'une comparaison de documents les uns avec les autres et, en la matière, le plagiat s'apprécie non pas au regard des différences mais des ressemblances, des points communs existant entre deux textes.

---

1. *Source* : Wikipédia, « Plagiat », mise à jour mars 2012.
2. Exemples : CopyTracker (*www.copytracker.ec-lille.fr*) ou Compilatio (*www.compliatio.net*).

Comment prouver le plagiat ?

Il incombe toujours à l'auteur plagié d'apporter la preuve qu'il a été copié. Dans ce domaine, c'est l'antériorité de l'œuvre originale qui fait foi. Votre objectif : démontrer, pièces à l'appui, que vous avez été le premier à écrire le texte en question, d'où l'importance de la notion de date et d'une traçabilité écrite. En matière de plagiat, il est souhaitable d'anticiper. En effet, lorsque le plagiat est invoqué et qu'aucun dépôt n'a été effectué auparavant, il est trop tard pour agir ! Voyons donc par quels moyens vous pouvez protéger efficacement votre manuscrit...

Différents moyens de protection

Partant du principe bien connu selon lequel « cela n'arrive pas qu'aux autres », mieux vaut vous entourer d'un minimum de précautions en vue de protéger vos textes, vos illustrations, vos images ou encore vos photographies, sur lesquels vous avez travaillé des heures, des jours et des mois durant.

Le recommandé

La méthode la plus simple et la moins onéreuse consiste à s'envoyer à soi-même son œuvre en lettre recommandée avec accusé de réception, le cachet de la poste faisant foi. La date de l'accusé de réception détermine l'antériorité du texte se trouvant dans l'enveloppe.

Si vous optez pour cette solution, vous constaterez que l'exercice se complique lorsqu'il s'agit de sceller votre enveloppe de telle façon qu'en cas de litige, le juge saisi puisse démontrer qu'elle n'a encore été ouverte par quiconque. Veillez donc à ne jamais ouvrir ou endommager l'enveloppe. Conservez-la dans un endroit sécurisé (attention à un éventuel dégât des eaux, à un vol ou à un incendie !).

L'officier ministériel

Une seconde option, plus coûteuse que la précédente (car elle impose des frais d'enregistrement), consiste à déposer votre œuvre auprès d'un officier ministériel, d'un huissier ou d'un notaire.

Une société habilitée

Le dépôt auprès d'une société d'auteurs habilitée comme la Société des gens de lettres (SGDL), le Syndicat national des auteurs et des compositeurs (SNAC), la Société des auteurs compositeurs dramatiques (SACD) ou la Société civile des auteurs multimédia (SCAM) est « la solution la plus courante et sans doute la meilleure. [...] L'auteur, contre le versement d'une somme dont le montant varie d'un organisme à l'autre, dépose son texte dans une enveloppe fermée auprès d'un organisme qui en assure la conservation. Il est nécessaire, au bout d'un certain temps, moyennant un nouveau versement, de renouveler le dépôt afin de financer le coût du stockage. Sans cette précaution, l'auteur peut avoir la désagréable surprise d'apprendre que son texte a été détruit et qu'il n'était plus protégé depuis cette destruction[1] ».

Notez que le dépôt en ligne via Internet est tout à fait possible, par exemple sur le site de la SGDL.

---

1. Desalmand P., *op. cit.*, p. 173.

Connaître les règles administratives et fiscales

Dès lors que vous créez un livre pratique, puis que vous laissez à un éditeur le soin d'en assurer la publication* et la commercialisation dans le domaine public, vous êtes confronté à un moment ou à un autre à des problématiques d'ordre social et fiscal. Quelques notions de base dans ces domaines vous sont donc nécessaires.

> **Trois questions fréquemment posées par les auteurs**
>
> « Quelles formalités administratives et fiscales dois-je accomplir si je vends des livres ? »
>
> « J'ai entendu parler de l'Agessa* : de quoi s'agit-il exactement ? »
>
> « Comment déclarer mes droits d'auteur* ? Quels seront les impacts fiscaux ? »

Très schématiquement, il va s'agir à présent d'apporter réponse sur deux points :

- le statut social : quelles modalités de prévoyance (maladie, maternité et retraite) ?
- le statut fiscal : quel régime d'imposition ?

Le statut social

Conformément à la législation en vigueur, dès lors que vous exercez une activité pour laquelle vous êtes susceptible de tirer des revenus, vous avez l'obligation de vous déclarer socialement et fiscalement, même si vous exercez par ailleurs une autre activité (salarié, profession libérale, artisanale, commerciale, agricole, etc.) et ce, indépendamment de votre statut (salarié, demandeur d'emploi, retraité, étudiant).

L'assujettissement et l'affiliation

Tout revenu issu d'une activité de création comprise dans le champ du régime de Sécurité sociale des auteurs, vous impose de vous déclarer auprès de l'Agessa* en tant qu'auteur et de vous acquitter de cotisations sociales : c'est ce qu'on appelle l'assujettissement[1].

D'un point de vue social, si votre activité en tant qu'auteur est accessoire (et c'est sans doute le cas vous concernant), vous êtes couvert par le régime de la Sécurité sociale de votre activité principale. Vous n'avez donc pas besoin d'être affilié à l'Agessa*. Seule l'affiliation conditionne le versement des prestations sociales et vous permet de bénéficier du statut d'artiste-auteur. Toutes les informations utiles sont disponibles sur le site de l'Agessa* : *www.agessa.org*.

Le précompte

Que vous soyez ou non affilié à l'Agessa*, vos revenus d'auteur doivent toujours faire l'objet d'un prélèvement à la source des cotisations obligatoires suivantes : assurances sociales, CSG et CRDS. C'est ce qu'on appelle le système du précompte.

C'est votre éditeur qui effectue pour vous les calculs et démarches administratives, en prélevant lui-même les cotisations sur vos revenus (droits d'auteur* et/ou à-valoir*) et en les reversant à l'Agessa*. Ainsi, chaque fois que l'éditeur vous verse vos droits, il retient sur les sommes dues un précompte. Les sommes précomptées par l'éditeur au cours d'un trimestre civil sont à verser à l'Agessa* les 15 janvier, 15 avril, 15 juillet et 15 octobre. Le taux du précompte

---

1. *Source* : *www.agessa.org*.

est de 0,85 % de la rémunération brute. Le taux de la CSG est de 7,5 % (dont 5,1 % déductibles) et celui de la CRDS de 0,5 % de la rémunération brute[1].

Le régime fiscal

Dans la mesure où vous avez signé un contrat d'édition (ce qui implique que ce n'est pas vous, mais votre éditeur, qui assure la commercialisation de votre livre pratique), c'est dans la catégorie « Traitements et salaires » (TS) de votre déclaration d'impôt sur le revenu que vous devez impérativement déclarer tout euro perçu issu de votre activité d'auteur. Si cette dernière est considérée comme accessoire, c'est votre activité principale qui commande votre régime fiscal.

Votre éditeur vous fera parvenir annuellement un relevé vous indiquant le montant que vous aurez à déclarer.

---

1. *Source : www.sne.fr.*

Construire et entretenir la relation avec son éditeur

Un éditeur a accepté de miser sur vous en publiant votre ouvrage sur les vertus du pamplemousse ? C'est déjà une très belle victoire à inscrire à votre actif ! Pour vous en convaincre, relisez les chiffres présentés à la page 22.

Comme en témoigne cette enquête portant sur l'état des relations entre auteurs et éditeurs et publiée par la SCAM, la collaboration entre un auteur et son éditeur semble généralement bonne : 71 % des auteurs se déclarent satisfaits des relations avec leurs éditeurs, alors qu'ils étaient 69 % en 2010[1].

Tout l'enjeu va consister, pour vous, à renforcer ce partenariat, en instaurant avec votre éditeur une relation de respect et de confiance s'inscrivant dans une démarche collaborative.

Le respect

Une fois votre livre pratique publié, si les ventes ne sont pas au rendez-vous, abstenez-vous d'incriminer votre éditeur en le rendant responsable de ce que vous prenez pour une contre-performance. À vos proches qui vous posent inévitablement la question de savoir si votre premier livre marche bien, vous êtes peut-être tenté de

---

1. Enquête publiée par la SCAM et réalisée du 1er décembre 2010 au 31 janvier 2011 auprès de 600 auteurs dont 96 % d'entre eux avaient signé des contrats d'édition, 2 % à compte d'auteur et 2 % avec un contrat de prestation de services. *Source* : *www.actualitte.com* (mise à jour avril 2011).

rétorquer : « C'est à cause de mon éditeur : il ne fait pas son travail ! », « Mon libraire m'a dit que le commercial ne lui avait pas encore présenté mon livre ! », « Comment voulez-vous que ça marche ? Je n'ai pas encore vu une seule fois mon livre en librairie ! », « La maison d'édition* n'a débloqué aucun budget promotionnel pour le promouvoir », etc.

D'une façon générale, montrez-vous toujours reconnaissant et respectueux envers l'éditeur qui a accepté de miser sur vous en publiant votre premier livre pratique.

Plus précisément, acceptez les contraintes qu'il vous impose en matière de publication*. De votre côté, veillez à respecter vos engagements, notamment en termes de délais.

Respect des droits de l'éditeur

Comme nous l'avons expliqué à la page 123, votre éditeur se réserve le droit de fixer seul le nombre d'exemplaires constituant le premier tirage de votre livre, son prix de vente au public (qui est fonction du prix de revient – frais de création et de fabrication –, des frais de promotion, des droits d'auteur* et des perspectives de ventes[1]), son titre, sa page de couverture, son format (dimensions du livre, choix de la police et de la mise en page) ou encore sa date de mise en vente.

Votre marge de négociation sur ces éléments est donc très réduite et vous pouvez difficilement vous opposer aux choix de l'éditeur. Mais, encore une fois, faites-lui confiance : c'est son métier ! Accueillez ses conseils, recevez positivement le fait qu'il retravaille et corrige votre texte, acceptez les contraintes qu'il vous impose. Et n'hésitez jamais à vous montrer force de proposition.

Respect de ses engagements

Comme nous l'avons mentionné à la page 124, une de vos obligations consiste à remettre votre travail à votre éditeur dans les délais prévus au contrat. Le respect des délais est donc impératif. Vous avez sans

---

1. *Source : www.sne.fr.*

doute pris tout votre temps pour écrire. Mais maintenant que vous avez votre contrat en poche, ce temps vous est compté. Je vous suggère de mettre les bouchées doubles et de vous fixer des objectifs d'écriture pour tenir vos délivrables. Cela n'est pas toujours aisé car vous êtes sans doute plongé dans les obligations quotidiennes d'une vie trépidante. Mais soyez conscient que dès lors que vous êtes lié à une maison d'édition* par un contrat, vos objectifs d'écriture deviennent prioritaires.

Fixez-vous des objectifs « SMART »

Un objectif SMART répond aux critères suivants :

S Spécifique
M Mesurable
A Atteignable
R Raisonnable
T Temporellement défini

Rien ne sert de mettre la barre trop haut : fixez-vous des objectifs à la fois ambitieux et réalistes, comme, par exemple, « écrire deux pages par jour » ou encore « adresser à votre éditeur votre premier chapitre avant le mois prochain » ou bien encore « avoir lu trois ouvrages de référence sur votre sujet avant telle date ».

Un bon moyen de ne pas vous laisser happer par les urgences du quotidien consiste à élaborer un rétroplanning et à vous y tenir. Vous le savez pertinemment : le temps passe toujours plus vite que l'on pense. Et, en la matière, mieux vaut anticiper. L'anticipation est le meilleur outil d'une gestion du temps efficace car elle permet de réduire le degré d'urgence de vos activités. Vous n'êtes en effet jamais à l'abri d'impondérables qui peuvent perturber le respect de vos échéances (maladie, rédaction plus longue que prévue, nécessité de commander les ouvrages sur lesquels vous comptiez vous appuyer pour nourrir votre rédaction, panne d'ordinateur...).

Soyez donc très actif.

Une collaboration efficace

Collaborer, c'est travailler avec une ou plusieurs personnes afin d'atteindre un objectif commun. Ne nous voilons pas la face : pour vous qui venez d'être publié, votre objectif et celui de votre éditeur consistent avant tout à maximiser le potentiel commercial de votre livre en le faisant connaître auprès de la cible la plus large possible. Si, contractuellement parlant, il est vrai que c'est votre éditeur qui endosse la responsabilité de promouvoir votre ouvrage, vous auriez toutefois tort de vous désinvestir totalement de cet objectif et de vous en remettre uniquement à lui pour en assurer la promotion.

N'attendez pas de votre éditeur qu'il vous propose de participer à « La Grande Librairie », de réaliser une intervention au cours d'un prochain salon du livre ou qu'il mette en œuvre, budget conséquent à l'appui, un plan de pré-lancement plusieurs semaines avant la sortie de votre livre en librairie.

Tout d'abord, sachez que son budget promotionnel est limité et, qu'en fonction du retour sur investissement estimé avec votre ouvrage, lui seul est en mesure d'identifier et de mettre en œuvre les moyens promotionnels les plus adaptés et les plus rentables. Ensuite, gardez en tête que vous n'êtes pas tout seul ! Pour vous donner un ordre d'idée, c'est souvent plus d'une dizaine de guides pratiques que les grandes maisons d'édition* publient chaque mois ! Votre éditeur ne peut donc pas se consacrer seulement à vous ; il doit faire connaître l'ensemble de ses produits et de ses auteurs sans en privilégier aucun.

Dès lors, votre implication est essentielle.

Faire son propre marketing

À première vue, participer avec votre éditeur à la mise en œuvre d'un plan d'action marketing et commercial autour de votre ouvrage peut vous paraître superflu, voire totalement inutile, dans la mesure où, comme nous l'avons expliqué, les revenus financiers tirés de votre activité d'auteur sont négligeables. Dès lors, pourquoi dépenser autant de temps et d'énergie à un travail qui ne vous rapporte rien ? Tout simplement parce que vous allez vous rendre rapidement compte que vous êtes le meilleur vendeur de votre livre !

Votre ouvrage vivra tant que vous contribuerez, en tant qu'auteur, à le faire vivre. Investissez-vous donc dans sa promotion, en vous montrant force de proposition auprès de votre éditeur.

Être créatif

Vous qui avez certainement fait beaucoup travailler votre cerveau gauche pour construire votre ouvrage, c'est le moment de solliciter votre hémisphère droit ! Balayez avec votre éditeur toutes les cibles* auxquelles vous pourriez vous adresser et tous les moyens à votre disposition pour promouvoir le plus efficacement possible votre premier livre pratique. Efforcez-vous de penser *out of the box*, c'est-à-dire différemment, en sortant des sentiers battus et des chemins classiques de promotion. Finalement, c'est l'exercice auquel vous vous êtes livré pour créer votre guide pratique, alors pourquoi ne pas transposer cette créativité au service de la promotion de votre ouvrage ?

Toucher les bonnes cibles*

Par exemple, si votre ouvrage traite des techniques du fusain et du pastel, répertoriez les sites Internet des sociétés de pastellistes, des associations créatives, des cercles d'artistes ou des marchés d'art. Recueillez les adresses mail des artistes et étudiants en écoles d'art afin d'envoyer un message adapté à ce lectorat potentiel. C'est certes un travail extrêmement chronophage, mais indispensable. En tant qu'expert du domaine traité, vous connaissez mieux que quiconque vos cibles. Par ailleurs, votre éditeur ne pourra jamais consacrer autant de temps et d'énergie que vous pourrez le faire à ces actions promotionnelles. Si votre livre pratique a pour thème l'optimisation des dépenses en entreprise, pourquoi ne pas envisager de donner quelques cours sur le sujet dans des écoles proposant des cursus en économie et en finance ? Ou bien participer à des conférences-débats organisées par des universités ou des associations et traitant de cette problématique ? Ou encore animer des ateliers ? De même, si votre ouvrage porte sur les innombrables façons de se maquiller, vous pouvez tout à fait envisager des séances de dédicaces dans des instituts de beauté, en capitalisant sur les fichiers clients de ces enseignes.

Sortir

Comme le notent à juste titre Geneviève de La Bretesche et Françoise Pelissier dans leur ouvrage *Comment se faire publier*, « la route qui mène à votre éditeur commence en bas de chez vous[1] ». N'hésitez pas entrer en contact avec votre libraire, à franchir la porte des salons littéraires, à participer à des séances de dédicaces, à aller à la rencontre de futurs lecteurs de votre ouvrage, à essayer, avec votre éditeur, d'obtenir un article dans des journaux régionaux, etc. N'hésitez pas à nouer des relations avec des professionnels de votre domaine d'étude ou avec des membres de clubs de lecteurs et d'associations d'auteurs. Parlez de votre « bébé » avec enthousiasme et passion : c'est un levier supplémentaire qui suscitera le désir de posséder l'ouvrage.

Utiliser tous les moyens à votre disposition

Usez et abusez des *flyers** remis par votre éditeur, visant à présenter de façon très synthétique votre œuvre. Distribuez-les dans tout lieu susceptible d'accueillir votre public : par exemple, les instituts de beauté pour un ouvrage sur le maquillage tendance, le salon de l'agriculture pour un guide sur les gîtes ruraux, les écoles de design pour un livre sur le graphisme, etc. Les possibilités de communication sont infinies. Pensez également aux exemplaires gratuits de votre ouvrage remis par votre éditeur. Bien que destinés en priorité à votre usage personnel, rien ne vous empêche d'en laisser quelques exemplaires « à consulter sur place » dans des lieux de diffusion adaptés (associations, écoles, clubs, etc.).

Réseauter

Rien de tel pour faire parler de votre premier livre que de créer du *buzz** et de miser sur l'effet « boule de neige » ! À l'heure des *e-books** et du *e-business*, vous ne pouvez vous passer d'une « e-diffusion » de votre ouvrage ! De son côté, votre éditeur se charge d'assurer la visibilité de votre livre pratique sur les sites Internet incontournables sur

---

1. La Bretesche G. de, Pelissier F., *op. cit.*, p. 62.

lesquels tout guide pratique digne de ce nom est présent. Et puisque vous êtes l'expert du sujet, ne vous privez pas de lui soumettre quelques bonnes idées ! Creusez d'autres pistes moins classiques. Renseignez-vous sur les sites où sont présents les livres concurrents du vôtre. Diffusez des mails à vos proches, ainsi qu'aux personnes susceptibles d'être intéressées par votre guide pratique, en les incitant à se rendre chez leur libraire ou à commander votre livre sur Internet. Mettez en avant les conseils et astuces que le lecteur peut y trouver. Ne vous privez pas non plus des réseaux sociaux (Facebook, Twitter, Viadeo, etc.) et d'un site Internet ou d'un blog* bien construit et régulièrement alimenté et mis à jour. Ce sont aujourd'hui deux incontournables dans le domaine de la communication, largement utilisés chez les auteurs de livres pratiques. Employez ces supports de communication à bon escient, sans vous couper du relationnel face à face toujours indispensable dans le milieu du livre.

Les rubriques indispensables d'un site

• *Livre pratique* : son titre, son ou ses objectifs pédagogiques, sa source de différenciation* par rapport aux ouvrages portant sur le même thème, son déroulé, son apport pour le lecteur. N'omettez pas d'inclure un visuel (image jpeg de la couverture transmise par votre éditeur).

• *Biographie* : décrivez-vous, résumez votre parcours professionnel, mettez en avant le lien entre votre expérience et la thématique que vous avez choisi de développer.

• *Actualité* : événements auxquels vous avez participé ou à venir (séances de dédicaces, présence sur des salons du livre, articles presse, etc.).

• *Commentaires* : incitez vos lecteurs internautes à laisser des commentaires dans un espace dédié.

• *Contact* : indiquez votre adresse mail et, si vous le souhaitez, vos coordonnées téléphoniques.

Vous l'aurez compris : votre objectif consiste à faire parler de vous et de votre livre le plus souvent possible. Cette étape de commercialisation est un autre temps fort de votre projet, auquel vous prendrez sans doute beaucoup de plaisir. C'est ce que constate d'ailleurs Paul Desalmand qui prétend qu'« en général, les auteurs ne rechignent pas à cette collaboration post-publication qui leur change les idées après la période de création[1] ».

Poursuivre l'expérience

Cette première réussite vous a peut-être mis l'eau à la bouche, et vous vous sentez prêt à renouveler l'expérience et à vous affirmer en tant qu'auteur… Si, au cours des mois qui ont précédé la publication* de votre livre, porté par votre enthousiasme et votre envie d'aller au bout de votre projet, vous avez travaillé sans relâche à rechercher des informations pertinentes, à construire pas à pas votre ouvrage, à relire encore et toujours, à rendre votre copie dans les délais impartis malgré les contraintes et aléas de la vie quotidienne, alors il y a fort à parier que vous aurez un jour ou l'autre envie de vous lancer dans un nouveau projet d'écriture.

Si tel est le cas, je peux vous garantir que dès lors que votre collaboration se sera opérée dans le sérieux, dans la confiance, dans le respect mutuel et dans la construction, votre éditeur sera sans doute tenté de poursuivre l'expérience avec vous et de vous soutenir une seconde fois, voire davantage…

Je pense que la première des conditions pour qu'un éditeur soit enclin à vous proposer de travailler à nouveau avec lui est que vous lui ayez donné entière satisfaction lors de votre premier ouvrage ; en d'autres termes, cela signifie que vous lui avez livré un projet de qualité lui évitant d'avoir eu à réécrire tout votre ouvrage, à corriger chaque phrase, qu'il n'a pas eu à vous relancer pour que vous respectiez les délais de remise de votre manuscrit, ni à batailler avec vous pour que vous acceptiez ses corrections et que vous vous êtes montré force de proposition quant à la promotion de votre livre.

---

1. Desalmand P., *op. cit.*, p. 313.

La principale option qui s'offre à vous, si vous souhaitez renouveler l'aventure d'écriture, consiste à proposer à votre éditeur un nouveau projet, sur un nouveau thème, ou bien sur le même thème mais avec une problématique ou un angle de vue différent. Et si votre premier livre pratique est couronné de succès, pourquoi ne pas approfondir alors un point précis et en faire l'objet d'un second ouvrage ?

Dans tous les cas, il semble préférable, à défaut de traiter d'une même thématique, que vos prochains ouvrages restent dans la veine du premier. Que penseriez-vous d'un artiste peintre qui peint habituel-lement de grands aplats de couleurs abstraits et qui se lancerait du jour au lendemain dans une peinture purement figurative ? Vos lecteurs risqueraient de se trouver tout aussi déstabilisés si, après avoir écrit plusieurs guides pratiques, vous vous lanciez dans un récit autobiographique ou un roman policier...

Il se peut aussi que ce soit l'éditeur en question qui soit « deman-deur », et qu'il recherche justement un auteur capable de « produire » un livre pratique entrant dans une de ses collections* ou pour lequel il a identifié une demande*. C'est ce qu'on appelle la commande qui, comme le note Paul Desalmand « ne concerne pratiquement que l'écriture d'information[1] ». En règle générale, les éditeurs préféreront travailler avec les auteurs qu'ils connaissent déjà bien... mais là encore, tout est possible ! Pourquoi pas vous ?

---

1. *Ibid.*, p. 214.

Conclusion

Nous voici arrivés au terme de ce fantastique parcours qu'il vous sera aisé de suivre, pour peu que vous soyez animé par le désir de vous lancer dans l'écriture d'un sujet qui vous passionne. Je souhaite que cet ouvrage, que j'ai conçu comme un véritable compagnon de route, vous guide pas à pas vers l'atteinte de votre objectif. Son ambition n'est pas de vous prédire si vous parviendrez à coup sûr à vous faire publier et si le succès sera toujours au rendez-vous, mais de vous fournir les bons outils pour franchir les étapes permettant de concrétiser votre projet.

Pour relever le défi, rappelez-vous que le chemin à emprunter est balisé par cinq étapes clés, sur lesquelles il vous faudra travailler avec autant de rigueur, d'acharnement et de persévérance :

- étape 1 : concevoir votre projet ;
- étape 2 : élaborer un produit de qualité ;
- étape 3 : l'entourer d'une démarche marketing ;
- étape 4 : le vendre efficacement aux maisons d'édition* ;
- étape 5 : suivre et construire la relation avec votre éditeur.

À y regarder de plus près, cette démarche globale s'apparente à un véritable projet d'entreprise ! Je suis en effet convaincue, qu'au fond, tout auteur de livre pratique doit être animé par cet esprit entrepreneurial lui permettant de se projeter au-delà de la seule écriture de son ouvrage, et de s'impliquer, aux côtés de l'éditeur, dans les actions de communication et de promotion qui le soutiennent. Ce n'est certainement pas l'intérêt financier qui vous guidera dans cette démarche, mais plutôt le goût du défi et la volonté de vous investir dans une activité nouvelle, qui constituera une véritable bouffée d'oxygène nécessaire (et parfois indispensable) à votre équilibre.

À travers cet ouvrage, j'espère vous avoir fait prendre conscience que l'auteur d'un livre pratique est un homme ou une femme de passion, certes, mais également une personne « multi-casquettes » et « multi-compétente », à la fois producteur, marketeur et vendeur.

Alors qui sait ? Cette première expérience, au-delà de satisfaire le désir immédiat de concrétiser un projet d'écriture, révélera-t-elle cette âme d'entrepreneur qui sommeille en vous ?

Annexes

1.
Le parcours en cinq étapes de l'auteur de livres pratiques

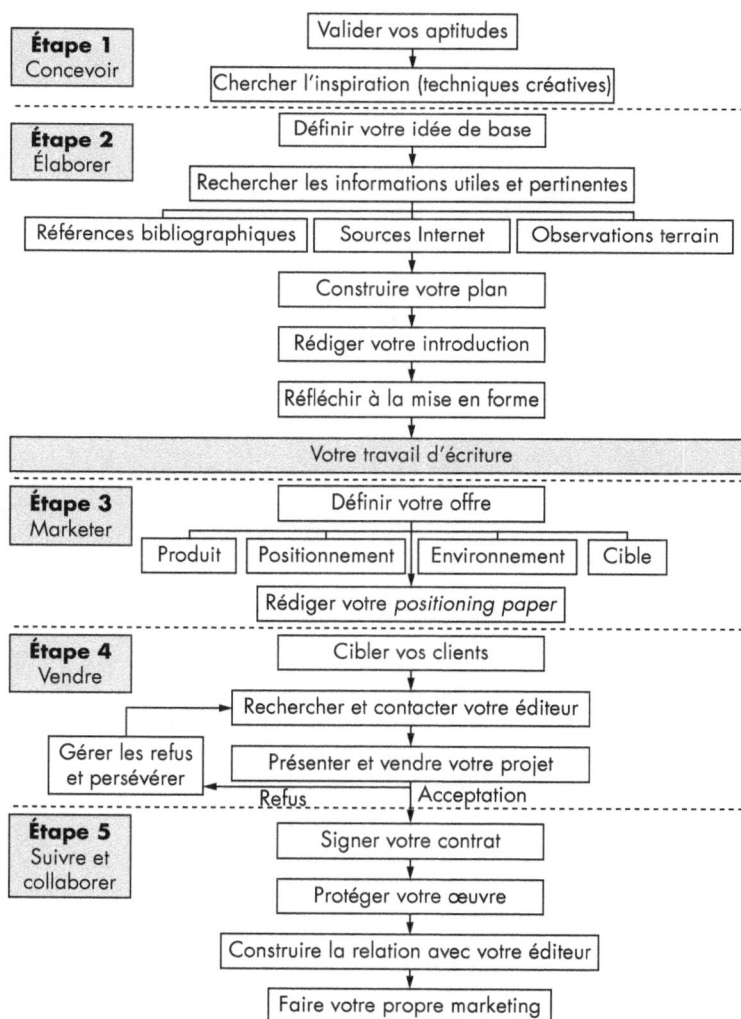

| **Étape 1** Concevoir | Valider vos aptitudes |
| | Chercher l'inspiration (techniques créatives) |

| **Étape 2** Élaborer | Définir votre idée de base |
| | Rechercher les informations utiles et pertinentes |

| Références bibliographiques | Sources Internet | Observations terrain |

Construire votre plan

Rédiger votre introduction

Réfléchir à la mise en forme

Votre travail d'écriture

| **Étape 3** Marketer | Définir votre offre |

| Produit | Positionnement | Environnement | Cible |

Rédiger votre *positioning paper*

| **Étape 4** Vendre | Cibler vos clients |
| | Rechercher et contacter votre éditeur |

| Gérer les refus et persévérer | Présenter et vendre votre projet |
| | Refus | Acceptation |

| **Étape 5** Suivre et collaborer | Signer votre contrat |
| | Protéger votre œuvre |

Construire la relation avec votre éditeur

Faire votre propre marketing

2.
Propositions de sujets de livres

Quelques sujets facilement accessibles en fonction de son expérience et/ou de ses passions

Thèmes	Sujets possibles
Boulanger	Tout savoir sur le pain Mille et un macarons à créer Travailler le chocolat
Mère de famille au foyer	Éduquer un enfant handicapé Identifier les clés d'une gestion sans stress Se réconcilier avec son image
Consultant en organisation	Gérer la conduite du changement Agencer efficacement ses idées Manager différemment
Jardinier	Cultiver les légumes d'autrefois Entretenir un potager bio Tout savoir sur les plantes dépolluantes
Comptable	Connaître les règles de base de la comptabilité analytique Mettre les chiffres au service de la création d'entreprise Optimiser la gestion de son budget
Demandeur d'emploi	Créer sa micro-entreprise Accrocher l'œil des recruteurs Mener une recherche d'emploi efficace grâce aux réseaux sociaux

Quelques sujets de livres pratiques classés par thème

Thèmes	Sujets possibles
Sport	Acquérir un mental de sportif Se motiver pour le sport Connaître les bases du ski alpin Faire sa gymnastique sans effort Concilier sport et grossesse Se muscler en dix étapes
Animaux	Tout apprendre sur l'équitation Savoir vivre avec un chat Reconnaître les oiseaux exotiques Comprendre son chien Devenir un maître parfait Apprivoiser les serpents
Famille	Comprendre son bébé à 6 mois, à 1 an, à 3 ans... Cuisiner pour bébé Tout savoir sur les prénoms du Moyen Âge Occuper son enfant en voiture Vivre avec les seniors Gérer les conflits familiaux
Santé	Bâtir son plan anti-cholestérol Se soigner sans ordonnance Bien utiliser les plantes médicinales Équilibrer son diabète Maigrir grâce aux protéines S'initier à la luminothérapie
Bien-être	Tout savoir sur les soins bio Livrer ses secrets de beauté avec les huiles essentielles Apprendre le maquillage facile Enseigner la gymnastique aux paresseuses Se relaxer au bureau Gérer son stress au quotidien
Développement personnel	Gagner confiance en soi Donner un sens à sa vie Oser dire non Être heureux au bureau Transmettre ses recettes sur le bonheur Connaître les clés du lâcher prise

.../...

Quelques sujets de livres pratiques classés par thème *(suite)*

Thèmes	Sujets possibles
Jardinage	Cultiver son potager bio Tout savoir sur les plantes dépolluantes Construire une maison écologique Créer un jardin méditerranéen sans arrosage Entretenir un jardin exotique Jardiner sans efforts
Cuisine	Cuisiner quand on est étudiant Toutes les recettes de gâteaux d'anniversaire Les meilleurs chocolatiers de France Cuisiner poétique Faire des crêpes sucrées-salées Concocter de bons sandwichs
Loisirs créatifs	Fabriquer des animaux en perles Apprendre les bases du dessin Tout savoir sur le point de croix Imaginer et réaliser des maquettes à plier Créer des bijoux au crochet Peindre de nuit
Sciences et techniques	Réparer son moteur en moins d'une heure Comprendre les biogaz Tout savoir sur la lumière noire Gérer ses déchets Maîtriser la photo numérique Comprendre l'ombre des arbres
Efficacité professionnelle	Prendre la parole en public Manager la différence Vendre ses idées en entreprise Créer son auto-entreprise Rédiger des comptes rendus efficaces Gagner en leadership

3.
Un modèle type de contrat d'édition[1]

Entre les soussignés :
M. /Mme ....
demeurant au ....
ci-après dénommé l'Auteur,

d'une part,

Et :

M. /Mme ....
demeurant au ....
ci-après dénommé l'Éditeur,

d'autre part,

ARTICLE I – ÉTENDUE DE LA CESSION

A – Dans le temps

La présente cession, qui engage tant l'auteur que ses ayants droit, est consentie pour une durée de .... années, à compter de la signature du présent contrat.

[*Variante :* La présente cession, qui engage tant l'auteur que ses ayants droit, est consentie pour la durée de la propriété littéraire telle qu'elle résulte des lois tant françaises qu'étrangères et des conventions internationales, actuelles et futures.]

B – Dans l'espace

La présente cession prendra effet en tous lieux, à l'exclusion des pays et territoires mentionnés ci-après :
....

C – Quant aux droits cédés

L'auteur cède à l'éditeur, à titre exclusif, pour la durée et le territoire prévus au présent contrat, le droit de reproduire, publier et vendre l'ouvrage X en édition courante, ce qui constitue l'exploitation principale.

L'auteur cède à titre exclusif à l'éditeur le droit d'imprimer, de reproduire, de publier et de vendre dans une édition courante, et d'exploiter, dans les limites définies à l'article I du présent contrat, l'ouvrage de sa composition qui a pour titre :
« .... »

Toute prérogative d'ordre patrimonial non expressément cédée à l'éditeur dans les conditions et formes prévues à l'article I est réputée demeurer la propriété de l'auteur.

L'auteur garantit l'éditeur contre tous troubles, revendications ou évictions quelconques.

De son côté, l'éditeur s'engage à assurer à ses frais la publication en librairie de cet ouvrage, et à lui procurer par une diffusion dans le public et auprès des tiers susceptibles d'être intéressés, les conditions favorables à son exploitation, dans la limite des droits qui lui sont cédés par le présent contrat.

Il lui cède également, pour ces mêmes durées et territoire, les droits d'exploitation dérivée ci-après énumérés :

a) Droit de reproduction et d'adaptation graphique
  – droit de reproduire l'œuvre sous d'autres présentations que l'édition principale et notamment en édition club, format de poche, illustrée, de luxe ou dans d'autres collections ;
  – droit de reproduire tout ou partie de l'œuvre sur support graphique et notamment par voie de presse (y compris en pré ou post-publication), de micro-reproduction, ou de reprographie aux fins de vente (visé à l'article L. 122-10 alinéa 3 du Code de la propriété intellectuelle) ;
  – droit d'adapter tout ou partie de l'œuvre pour tous publics et sous toutes formes modifiées, abrégées ou étendues, et notamment édition condensée ou destinée à un public particulier, roman photo, bande dessinée, pré ou post-publication, et de reproduire ces adaptations sur support graphique.

b) Droit de traduction
  – droit de traduire en toutes langues, à l'exception de .... tout ou partie de l'œuvre et de ses adaptations et de reproduire ces traductions sur tout support graphique, actuel ou futur.

c) Droit de reproduction, d'adaptation et de traduction sur support autre que graphique :

---

1. *Source* : SCAM.

– droit de reproduire tout ou partie de l'œuvre et de ses adaptations et traductions visées ci-dessus, sur tout support d'enregistrement phonographique, magnétique, optique, numérique, à l'exception d'une intégration dans un programme interactif, qui est traitée à la rubrique : « *e*) Droit d'exploitation multimédia » ;

– droit d'adapter et de traduire, dans les langues visées au paragraphe *b*) ci-dessus, tout ou partie de l'œuvre en vue de son exploitation sonore, visuelle, radiophonique à l'exception toutefois des adaptations audiovisuelles, et de reproduire ces adaptations sur un support d'enregistrement phonographique, magnétique, optique, numérique, à l'exception d'une intégration dans un programme interactif, qui est traitée à la rubrique : « *e*) Droit d'exploitation multimédia ».

d) Droit de représentation et de communication.

– droit de représenter tout ou partie de l'œuvre et de ses adaptations et traductions, à l'exception des adaptations audiovisuelles, par tout procédé de communication au public, notamment par récitation publique, représentation dramatique, exécution lyrique, transmission radiophonique ou télévisuelle, diffusion par Internet.

e) Droit d'exploitation multimédia

– droit de reproduire tout ou partie de l'œuvre dans un support multimédia et d'apporter à l'œuvre, sous réserve de l'accord de l'auteur, les adaptations nécessaires à son intégration dans une œuvre multimédia.

Cette cession est subordonnée à l'accomplissement des formalités déclaratives et au paiement par l'organisme responsable des actes d'exploitation auprès de SESAM, des redevances en vigueur au jour de la signature de l'acte validant ces formalités.

Lorsque l'auteur doit lui-même procéder à des adaptations de l'œuvre en vue de son adaptation sous forme multimédia, un avenant au présent contrat fixe les conditions de cette adaptation.

Ce droit ne comprend pas celui d'adapter l'œuvre sous forme audio-visuelle, c'est-à-dire de séquences animées d'images sonorisées ou non.

L'éditeur est habilité à exploiter les droits dérivés ci-dessus énumérés, soit directement, soit par voie de cession à des tiers. Il devra informer régulièrement l'auteur, dans les trois mois, de toute cession consentie à un tiers.

Il est rappelé que tous les droits non énumérés ci-dessus demeurent la propriété de l'auteur. Si l'auteur souhaite céder lesdits droits, ou certains d'entre eux à l'éditeur (ou à des tiers), cette cession ne pourra avoir lieu que par acte distinct pour chacune de ces autres exploitations.

Notamment le droit d'exploitation audiovisuelle fera l'objet d'un contrat séparé conformément aux dispositions de l'article L 131-3 du Code de la propriété intellectuelle.

ARTICLE II – REMISE DU TEXTE ET CORRECTIONS

A – Remise du texte

L'auteur s'engage à remettre à l'éditeur à la date du .... un exemplaire du texte définitif et complet de son ouvrage, accompagné s'il y a lieu des documents d'illustration.

Ce texte devra être dactylographié au recto, soigneusement revu et mise au point pour l'impression, de façon à réduire au minimum les frais de correction.

L'auteur déclare conserver un double de son texte.

Le manuscrit de l'œuvre demeure la propriété de l'auteur. L'exemplaire qui aura été remis à l'éditeur ainsi que les documents originaux fournis par l'auteur, seront restitués à ce dernier par l'éditeur dans les trois mois suivant la parution de l'ouvrage.

Les clichés réalisés aux frais de l'éditeur resteront la propriété de celui-ci.

B – Corrections

La correction des fautes de composition ou de saisie est à la charge de l'éditeur.

L'éditeur s'engage à envoyer à l'auteur, en double exemplaire, deux épreuves successives, dont la première pourra être mise en placards.

L'auteur s'engage à les lire, à corriger chacune d'entre elle dans un délai maximum de .... et à retourner la dernière revêtue de son bon à tirer.

Toutefois, si l'état de la deuxième épreuve s'avérait tel qu'il ne permette pas à l'auteur de donner son bon à tirer, l'auteur devrait en aviser l'éditeur par lettre recommandée avec accusé de réception dans le délai précité de ....

Au cas où l'auteur ne s'acquitterait pas de ces obligations, l'éditeur pourrait confier les épreuves à un correcteur de son choix, et procéder au tirage après lu en avoir averti l'auteur par lettre recommandée avec accusé de réception, les frais occasionnés par cette correction étant à la charge de l'auteur.

Si l'ensemble des frais de correction d'auteur (c'est-à-dire autres que les corrections typographiques) dépassent 10% des frais de composition, le surplus des frais de correction sera à la charge de l'auteur.

Les frais relatifs à la modification demandée par l'auteur de tout élément de texte ou d'illustration déjà revêtu de son « bon à tirer », ou à » clicher » seront à la charge de l'auteur, sauf si cette modification est motivée par des événements imprévus.

ARTICLE III – PRÉSENTATION, TIRAGE ET EXEMPLAIRES D'AUTEUR, MISE EN VENTE ET PRIX DE L'OUVRAGE

A – Présentation

L'éditeur se réserve expressément de déterminer pour toutes éditions :

– le format des volumes ;

– leur présentation, laquelle ne doit pas porter atteinte au droit moral de l'auteur.

À l'exclusion des textes des campagnes publicitaires, les textes promotionnels relatifs à l'ouvrage, verso de couverture, rabat et prière d'insérer, devront être soumis à l'auteur.

L'éditeur n'apportera aucun ajout ou modification à l'ouvrage. Il s'engage à faire figurer sur chaque exemplaire le nom de l'auteur ou le pseudonyme que celui-ci lui aura indiqué. Ce nom sera également mentionné à l'occasion de chaque opération de promotion de l'ouvrage.

B – Tirage et exemplaires d'auteur

a) Tirage

Le chiffre des tirages sera fixé par l'éditeur. Il devra être au minimum de .... exemplaires pour le premier tirage.

L'éditeur informera l'auteur, dans le délai maximum d'un mois, de chaque tirage auquel il aura procédé, par l'envoi de la photocopie de la fiche du dépôt légal.

b) Exemplaires d'auteur

L'éditeur remettra à l'auteur, à titre gracieux, ... exemplaires du premier tirage.

Il lui remettra également à titre gracieux, ... exemplaires de chaque tirage ou réédition ultérieurs de l'édition principale ainsi que de chaque édition réalisée en application de l'article I – C du présent contrat.

Les exemplaires que l'auteur désirerait en plus lui seront facturés avec ..... % (au moins 40 %) de remise sur le prix de vente au public hors taxes.

Tous ces exemplaires sont incessibles.

C – Mise en vente

Les dates de mise en vente sont fixées par l'éditeur, sous réserve de ce qui est dit à l'article IV – A du présent contrat.

L'éditeur devra en informer l'auteur.

D – Prix de vente

Le prix de vente des volumes sera déterminé par l'éditeur et pourra être modifié par lui en fonction de la conjoncture économique. L'éditeur devra informer l'auteur de tout changement de prix.

ARTICLE IV – EXPLOITATION DE L'OUVRAGE

A – Délai de publication

L'éditeur s'engage à publier l'œuvre dans un délai de .... à compter de la remise du texte définitif et complet, sauf retard imputable à l'auteur.

Passé ce délai, le présent contrat serait résilié de plein droit et sans formalité judiciaire si l'éditeur ne procédait pas à la publication de l'œuvre dans un délai de (six mois maximum) à compter de la mise en demeure par lettre recommandée qui lui serait faite par l'auteur.

En ce cas, une somme de .... € bruts HT serait versée à l'auteur, à titre de dédit forfaitaire, étant précisé que toutes sommes versées en acompte sur les droits d'auteur viendraient en règlement du dédit ou en déduction du montant de celui-ci.

B – Exploitation permanente et suivie de l'œuvre

L'éditeur s'engage à assurer à l'ouvrage une exploitation permanente et suivie et une diffusion commerciale conforme aux usages de la profession.

Il est notamment tenu d'assurer toutes les demandes de livraison et s'engage à avoir en permanence en stock un nombre d'exemplaires suffisant à cette fin.

Si, l'ouvrage étant épuisé, l'éditeur ne procédait pas à un nouveau tirage dans les six mois suivant une mise en demeure de l'auteur par lettre recommandée avec avis de réception, le présent contrat serait résilié de plein droit et sans formalité judiciaire.

L'auteur recouvrerait alors l'intégralité de ses droits d'exploitation de l'ouvrage. Toutefois, les cessions ou autorisations antérieurement consenties par l'éditeur à des tiers demeureront valables à condition qu'elles aient été portées à sa connaissance dans les trois mois de leur signature et que l'éditeur en confirme l'état dans les trois mois suivant la résiliation du présent contrat.

L'édition est considérée comme épuisée lorsque deux demandes de livraison d'exemplaires *de l'édition principale* adressées à l'éditeur ne sont pas satisfaites dans les trois mois.

C – Vente en solde et mise au pilon

a) Vente en solde et mise au pilon partielle

Si après (deux) ans à dater de la publication, l'éditeur a en magasin un stock d'exemplaires de l'ouvrage plus important qu'il ne juge nécessaire pour assurer les demandes courantes pour la vente, il aura le droit, sans que le contrat soit pour autant résilié, de vendre en solde ou de détruire une partie de ce stock.

L'éditeur devra informer l'auteur par lettre recommandée avec accusé de réception de son intention de vendre en solde ou de détruire une partie des exemplaires de l'ouvrage.

L'auteur pourra dans les 30 jours suivant cet avis, indiquer à l'éditeur, par lettre recommandée avec accusé de réception s'il préfère racheter lui-même tout ou partie des volumes en stock à un prix qui ne saurait être supérieur au prix de vente au soldeur en cas de solde ou au prix de facturation en cas de mise au pilon.

S'il achète effectivement ce stock, l'auteur ne pourra mettre en vente les volumes, lui-même ou par mandataire, qu'après avoir fait disparaître du titre de la couverture le nom de l'éditeur.

En cas de mise en solde, le produit de la vente restera acquis à l'éditeur sans droits d'auteur si les ouvrages sont revendus à moins de 20 % du prix fort de vente hors taxes et, dans le cas contraire, l'auteur percevra ses droits quel que soit le montant du prix de vente au soldeur.

En cas de mise au pilon, l'éditeur devra remettre à l'auteur un certificat précisant la date à laquelle l'opération a été accomplie et le nombre de volumes détruits. Aucun droit d'auteur ne sera dû.

b) Vente en solde ou mise au pilon totale

En cas de mévente, c'est-à-dire si (cinq) ans après la publication de l'ouvrage la vente annuelle est inférieure à ....% des volumes en stock, l'éditeur sera en droit de solder ou de pilonner la totalité du stock de l'ouvrage.

L'éditeur devra informer l'auteur par lettre recommandée avec accusé de réception deux mois au moins à l'avance. L'auteur pourra, dans ce délai, indiquer à l'éditeur, par lettre recommandée avec accusé de réception, s'il préfère racheter lui-même tout ou partie des volumes en stock à un prix qui ne saurait être supérieur au prix de vente au soldeur en cas de solde ou au prix de fabrication en cas de mise au pilon.

L'auteur qui aura exercé cette faculté de rachat ne pourra remettre les exemplaires en cause dans le commerce, lui-même ou par mandataire, qu'après avoir fait disparaître le nom de l'éditeur sur chaque exemplaire.

En cas de mise en solde, le produit de la vente restera acquis à l'éditeur sans droits d'auteur si les ouvrages sont revendus à moins de 20 % du prix fort de vente hors taxes et, dans le cas contraire, l'auteur percevra ses droits quel que soit le montant du prix de vente au soldeur.

En cas de mise au pilon, l'éditeur devra remettre à l'auteur un certificat précisant la date à laquelle l'opération a été accomplie et le nombre de volumes détruits. Aucun droit d'auteur ne sera dû.

En conséquence de la mise en solde totale ou du pilonnage total (et indépendamment de l'exercice ou non de la faculté de rachat réservée par l'auteur), le présent contrat sera résilié de plein droit et sans formalité judiciaire.

L'auteur recouvrera alors l'intégralité de ses droits d'exploitation de l'ouvrage. Toutefois, les cessions ou autorisations antérieurement consenties par l'éditeur à des tiers demeureront valables à condition qu'elles aient été portées à sa connaissance dans les trois mois de leur signature et que l'éditeur en confirme l'état dans les trois mois suivant la résiliation du présent contrat.

Le compte de l'auteur devra être liquidé et les redevances de droits d'auteur à lui revenir devront lui être réglées dans les trois mois suivant la mise en solde totale ou le pilonnage total de l'ouvrage.

c) Exemplaires défectueux ou défraîchis

À tout moment, l'éditeur pourra faire détruire les exemplaires défectueux ou défraîchis, à charge pour lui d'en adresser un justificatif à l'auteur dans les 30 jours.

D – Détérioration, destruction ou disparition des exemplaires

En cas d'incendie, inondation ou dans tous cas accidentels ou de force majeure ayant pour conséquence la détérioration, la destruction ou la disparition de tout ou partie des exemplaires en stock, l'éditeur ne pourra être tenu pour responsable et il ne sera dû par lui à l'auteur aucun droit ni indemnité relatifs aux exemplaires détériorés, détruits ou disparus.

L'éditeur devra informer l'auteur de cette diminution du stock et de son importance, dans les 30 jours suivant la survenue du sinistre.

Si, par suite des éventualités ci-dessus envisagées, le stock ne permettait plus à l'éditeur de répondre à la demande, l'édition serait considérée comme épuisée et l'auteur serait en droit de mettre l'éditeur en demeure de procéder à une réimpression dans les termes et suivant les modalités et sanctions prévues à l'article IV – B.

ARTICLE V – DROITS D'AUTEUR*

A – Exploitation principale

L'auteur recevra pour chaque exemplaire vendu un droit calculé sur le prix de vente au public hors taxe et fixé comme suit :
- .... % de .... à .... exemplaires
- .... % de .... à .... exemplaires
- .... % sur les exemplaires suivants.

Les droits précités ne porteront pas :
- sur les exemplaires destinés au dépôt légal (soit au maximum .... exemplaires)
- sur les exemplaires destinés au service de presse, à la promotion et à la publicité (soit au maximum .... exemplaires, l'éditeur devant justifier auprès de l'auteur des exemplaires ainsi distribués)
- sur les exemplaires d'auteur mentionnés à l'article III – B b) du présent contrat.

B – Exploitation par l'éditeur lui-même des droits dérivés et annexes

Pour toute exploitation par lui-même des droits dérivés et annexes visés à l'article I – C, l'éditeur devra verser à l'auteur les rémunérations suivantes :

a) Droit de reproduction et d'adaptation graphique :
  1) édition cartonnée et de luxe :
    - .... % du prix de vente au public hors taxe sur chaque exemplaire vendu (ou bien : pourcentage progressif) ;
  2) édition de grande diffusion :
    - .... % du prix de vente au public hors taxe sur chaque exemplaire vendu (ou bien : pourcentage progressif) ;
    Les droits ci-dessus ne porteront pas sur les exemplaires gratuits tels qu'énumérés à l'article IV – A ci-dessus ;
  3) autres droits de reproduction et d'adaptation graphique :
    - .... % du prix de vente au public hors taxe de chaque exemplaire vendu lorsque la reproduction ou l'adaptation concerne l'ensemble de l'œuvre ;
    - un droit fixé d'accord entre l'auteur et l'éditeur si l'adaptation ou la reproduction ne concerne qu'une partie de l'œuvre.

b) Droit de traduction
    - .... % du prix de vente au public hors taxe de chaque exemplaire vendu lorsque la traduction concerne l'ensemble de l'œuvre ;
    - un droit fixé d'accord entre l'auteur et l'éditeur si la traduction ne concerne qu'une partie de l'œuvre.

c) Droit de reproduction, d'adaptation et de traduction autre que graphique :
    - .... % du prix de vente au public hors taxe de chaque exemplaire vendu lorsque la reproduction concerne l'ensemble de l'œuvre ;
    - un droit fixé d'accord entre l'auteur et l'éditeur si la reproduction ne concerne qu'une partie de l'œuvre.

d) Droit de représentation

~ .... % des recettes brutes HT à provenir de la représentation de l'œuvre, de ses adaptations ou traductions.

Lorsqu'une reproduction, une adaptation ou une traduction sont réalisées par l'éditeur dans le seul but de permettre l'exercice du droit de représentation, il est entendu que seuls les droits prévus pour la représentation sont dus.

C – Exploitation par un tiers des droits cédés

Pour chaque exploitation, l'éditeur versera à l'auteur .... % de ses recettes brutes HT résultant de l'exploitation concernée.

Dans toute la mesure du possible, la recette brute de l'éditeur devra avoir pour assiette le prix de vente au public de chaque exemplaire vendu ou le prix payé par le public pour avoir communication de l'œuvre.

D – Gestion collective

a) Primauté de la gestion collective

Certains des droits cédés à l'éditeur font l'objet, ou sont susceptibles de faire l'objet, d'une gestion collective dont les parties acceptent l'application et les effets.

En conséquence, il est expressément convenu que toute disposition du présent contrat qui serait contraire aux règles fixées, ou qui viendront à être fixées, dans le cadre de cette gestion collective serait réputée non écrite.

L'auteur déclare être membre de la Scam qui est habilitée à le représenter dans le cadre de la gestion collective de ses droits.

b) Exploitation multimédia

Les rémunérations dues à l'auteur lui seront versées par la Scam, dans le cadre de la gestion collective confiée à Sesam.

c) Droit de reprographie

L'auteur percevra la rémunération à lui revenir du fait de la reprographie de ses œuvres, autre que celle prévue à l'article I – C a), selon les modalités résultant de l'article L 122-10 du Code de la propriété intellectuelle.

d) Droit de copie privée

L'auteur percevra la rémunération à lui revenir au titre du droit de copie privée, selon les modalités résultant de l'article L 311-1 et suivants du Code de la propriété intellectuelle.

e) Droit de prêt

L'auteur percevra la rémunération à lui revenir au titre du droit de prêt, selon les modalités résultant de l'article L 133-1 et suivants du Code de la propriété intellectuelle.

E – À-valoir

L'éditeur verse à l'auteur, à la signature du présent contrat, la somme de .... €bruts HT, à titre d'à-valoir sur les sommes à lui revenir du fait de l'exploitation de l'œuvre.

Il est convenu que cet à-valoir constitue un minimum garanti à l'auteur et qu'il restera définitivement acquis à ce dernier.

Cet à-valoir sera versé à l'auteur selon les modalités suivantes :
– 1/3 à la signature du présent contrat ;
– 1/3 à la remise du manuscrit définitif et complet ;
– 1/3 à la publication.

ARTICLE VI – REDDITION DES COMPTES ET INFORMATION DE L'AUTEUR

Les comptes de l'ensemble des droits dus à l'auteur seront arrêtés une fois par an, le .... de chaque année. Ils seront transmis à l'auteur dans les .... mois suivant la date d'arrêté des comptes et réglés le même jour.

Les comptes feront apparaître distinctement les droits provenant de l'édition courante et ceux provenant de chaque exploitation dérivée.

Les relevés des comptes débiteurs seront, quant à eux, adressés aux auteurs dans les six mois de cette même date.

Les comptes seront accompagnés d'un état mentionnant :
– le nombre d'exemplaires fabriqués en cours d'exercice ;
– le nombre des exemplaires en stock ;
– le nombre des exemplaires vendus ;
– le nombre des exemplaires inutilisables ou détruits.

ARTICLE VII – DROIT DE PREFERENCE (FACULTATIF)

A – Définition

L'auteur accorde à l'éditeur un droit de préférence dans le ou les genre(s) suivant(s) : ....
....
.... pour les œuvres qu'il se proposerait de publier dans l'avenir soit sous son nom, soit sous son pseudonyme.

Ce droit est limité :
– à la production de l'auteur pendant 5 années à compter de la signature du contrat
ou
– à un maximum de 5 ouvrages y compris la première œuvre, objet du contrat initial.
(barrer la mention exclue)

B – Application

L'auteur recouvre immédiatement et de plein droit sa liberté à la suite de deux refus (successifs ou non) d'ouvrages nouveaux présentés par l'auteur dans le cadre de ce pacte de préférence et sans qu'il soit nécessaire que les refus portent sur des ouvrages du même genre.

Chacune des œuvres couvertes par le pacte de préférence doit faire l'objet d'un contrat distinct. Ce contrat précisera les modalités d'application du pacte de préférence qui fait l'objet du contrat initial, et notamment, le nombre d'œuvres futures pour lesquelles l'auteur reste encore lié à l'éditeur.

Aucune nouvelle clause de préférence ne pourra intervenir avant expiration des effets de celle stipulée au premier contrat même si les conditions ont été modifiées. Cette interdiction ne vise que les clauses portant sur les genres prévus au contrat initial.

ARTICLE VIII – RÉSILIATION

Indépendamment des hypothèses prévues à l'article IV, la résiliation du contrat pourra survenir à défaut par l'une ou l'autre des parties d'exécuter l'une des obligations mises à sa charge par le présent contrat et à défaut d'y remédier dans les trente jours suivant la mise en demeure qui lui en serait faite par l'autre partie.

Dans tous les cas visés à l'alinéa précédent, le présent contrat sera résilié de plein droit et sans formalité judiciaire.

En conséquence de cette résiliation, l'auteur reprendra l'intégralité de ses droits sur son ouvrage. Toutefois, les cessions ou autorisations antérieures consenties par l'éditeur à des tiers demeureront valables à condition qu'elles aient été portées à sa connaissance dans les trois mois de leur signature et que l'éditeur en confirme l'état dans les trois mois suivant la résiliation du présent contrat.

ARTICLE IX – TVA

Les droits d'auteur issus de l'exécution du présent contrat sont assujettis à la TVA au taux de 7 %, payable par l'éditeur. En conséquence, les sommes précisées dans le contrat s'entendent nettes.

Dans le cas où l'auteur est assujetti à la TVA selon le régime de droit commun et non le régime optionnel, les sommes nettes seront augmentées d'un remboursement forfaitaire de 0,8 %.

ARTICLE X – LITIGES

Pour toute contestation pouvant naître à l'occasion de l'interprétation, de l'exécution ou de la résiliation du présent contrat, attribution de juridiction est faite aux Tribunaux compétents de Paris.

Fait à ....

le ....

en .... exemplaires

L'auteur   L'éditeur

Adresses utiles

Agessa (Association pour la gestion et la Sécurité sociale des auteurs)
21 *bis*, rue de Bruxelles
75009 Paris
Tél. : 01 48 78 25 00
www.agessa.org

AIDA – CALCRE (Association d'information et de défense des auteurs – Comité d'action contre le racket dans l'édition)
BP 17
94400 Vitry-sur-Seine
www.calcre.com

ASFORED (Association nationale pour la formation et le perfectionnement professionnel dans les métiers de l'édition)
21, rue Charles-Fourier
75013 Paris
Tél. : 01 45 88 39 81
www.asfored.org

BNF (Bibliothèque nationale de France)
Quai François-Mauriac
75013 Paris
Tél. : 01 53 79 59 59
www.bnf.fr

Cercle de la librairie (Syndicat professionnel qui publie notamment la revue *Livres Hebdo* et gère la base de données bibliographiques Électre)

35, rue Grégoire-de-Tours
75006 Paris
Tél. : 01 44 41 28 00
www.electre.com

CNL (Centre national du livre)
Hôtel d'Avejan
53, rue de Verneuil
75007 Paris
Tél. : 01 49 54 68 68
www.centrenationaldulivre.fr

SACD (Société des auteurs et compositeurs dramatiques)
11 bis, rue Ballu
75009 Paris
Tél. : 01 40 23 44 55
www.sacd.fr

SCAM (Société civile des auteurs multimédia)
5, avenue Velasquez
75008 Paris
Tél. : 01 56 69 58 58
www.scam.fr

SGDL (Société des gens de lettres)
Hôtel de Massa
38, rue du Faubourg-Saint-Jacques
75014 Paris
Tél. : 01 53 10 12 00
www.sgdl.org

SNE (Syndicat national de l'édition)
115, boulevard Saint-Germain
75006 Paris
Tél. : 01 44 41 40 50
www.sne.fr

Glossaire

Agessa (Association pour la gestion et la Sécurité sociale des auteurs/*www.agessa.org*) : organisme agréé du régime de Sécurité sociale des auteurs, qui assure une protection sociale (maladie, retraite, allocations familiales…) sous certaines conditions. Son périmètre d'intervention s'étend aux activités de création littéraire, dramatique, musicale, chorégraphique, audiovisuelle et photographique.

À-valoir : somme d'argent versée de façon anticipée par l'éditeur à l'auteur, préalablement à toute vente de son livre. L'à-valoir, prévu dans le contrat d'édition, retarde le versement des droits d'auteur générés par la vente du livre.

Bibliographie : liste recensant des documents publiés relatifs à un sujet donné. Pour un livre pratique, il s'agit d'une liste de documents portant sur le même thème.

Blog : contraction de *Web Log*. Journal publié sur Internet dont l'objectif est de favoriser les échanges entre internautes, en utilisant des liens hypertexte, des images ou des vidéos.

Buzz : technique marketing consistant à faire du bruit autour d'un nouveau produit ou d'une offre en utilisant des modes de diffusion novateurs. Le *buzz* n'utilise pas un média spécifique mais occupe tous les canaux de communication afin d'arriver à faire parler d'un objet. Il fait appel au principe du bouche à oreille.

Ciblage : identification d'une cible à qui est destinée une action marketing spécifique (campagne de publicité, mailing, etc.) afin d'en accroître l'efficacité et la rentabilité.

Cible : population que l'on souhaite toucher lors d'une opération marketing ou commerciale.

Code de la propriété intellectuelle : texte du droit français regroupant les lois régissant la propriété industrielle et la propriété littéraire et artistique. Il définit et encadre notamment le droit d'auteur.

Collection : ensemble de livres édités par la même maison d'édition* présentant des caractéristiques communes telles que la thématique, la présentation (format, couleur...) ou la cible. La collection porte un titre.

Demande : selon une approche économique, quantité d'un produit ou d'un service demandée par des individus pour un niveau de prix donné.

Dernière de couverture : également appelée quatrième de couverture, elle désigne le dos d'un livre, d'un journal ou d'un magazine. Considérée comme un élément marketing du livre, elle présente un résumé de l'ouvrage, le parcours de l'auteur, les cibles auxquelles il s'adresse, ainsi que son prix de vente TTC.

Différenciation : stratégie marketing consistant à définir et à faire percevoir comme uniques les caractéristiques d'un produit ou d'un service dans l'esprit des consommateurs. La différenciation est la pierre angulaire du positionnement marketing.

Droit d'auteur : rémunération versée par l'éditeur à l'auteur, qui résulte de la publication de son ouvrage. Elle s'exprime en pourcentage du prix de vente hors taxe de son œuvre.

E-book : livre présenté sous forme de fichier contenant du texte sous format numérique et accessible sur un support électronique (ordinateur, tablette PC).

Feuille de style : trame informatique remise par l'éditeur, au sein de laquelle l'auteur saisit son texte de façon à pouvoir le récupérer directement dans le système informatique éditorial. Une feuille de style regroupe des paramètres relatifs à la mise en forme d'une page.

Flyer : anglicisme désignant un prospectus, c'est-à-dire une feuille de petit format distribuée en vue de promouvoir un produit, un service ou un événement.

Glossaire : liste de définitions des termes techniques ou peu usités d'un livre, présentée en fin d'ouvrage et classée par ordre alphabétique.

Iconographie : ensemble des illustrations présentes dans un livre ou un document publié, dont les concepteurs sont considérés comme des auteurs.

Index : liste alphabétique des mots ou noms clés d'un livre, accompagnée de références (page, chapitre etc.), qui permettent au lecteur de repérer facilement les endroits où ils sont cités dans le texte.

Maison d'édition : entreprise dont l'activité principale consiste à fabriquer et à diffuser des livres. Son activité est liée à l'édition d'ouvrages.

Marché : lieu de rencontre réel ou abstrait entre une offre de produits ou services et une demande émanant de consommateurs. Un marché se compose de tous les individus susceptibles d'être intéressés par un produit ou un service dans une zone géographique donnée.

Marketing : ensemble des actions ayant pour but d'identifier, d'anticiper ou de susciter les besoins des consommateurs à l'égard d'un bien ou d'un service, puis de définir et de communiquer une offre permettant d'y répondre.

Mixmédia : identification et optimisation des différents médias utilisés pour une campagne de communication (presse, télévision, marketing direct, mailing, etc.).

Positionnement : place qu'occupe un produit ou un service dans l'esprit des consommateurs face à leurs concurrents et reposant sur différents critères (prix, image, caractéristiques techniques…).

Préface : texte rédigé par une personne qui n'est pas l'auteur du livre. Placée en début d'ouvrage, elle vise à le présenter, à en définir les objectifs et, de façon indirecte, à le recommander aux lecteurs.

Première de couverture : première page de la couverture d'un livre, comportant le titre de l'ouvrage, le nom de l'auteur (et éventuellement celui du ou des co-auteurs et du préfacier) et celui de la maison d'édition qui publie l'ouvrage. Elle est définie et élaborée par l'éditeur, tant dans le fond que dans la forme.

Publication : acte de rendre public, c'est-à-dire de porter à la connaissance de tous, un acte, un livre, une loi, une information, une étude, etc.

Rationnel : raisonnement ou cheminement d'idées permettant de justifier d'une décision ou d'un choix.

Segment de marché : sous-ensemble d'une population présentant des caractéristiques communes (sociales, géographiques, financières...) sur lequel des actions de marketing différenciées peuvent être mises en place.

Syntaxe : manière d'agencer des mots pour former des phrases exprimant de façon correcte les idées de l'auteur.

Tapuscrit : version dactylographiée d'un manuscrit.

Typographie : art de choisir et d'assembler des caractères dans le but de former des mots et des phrases destinés à l'impression. Les règles typographiques concernent la ponctuation, les espaces, l'usage des lettres minuscules et majuscules, les sigles, les abréviations, etc.

Bibliographie

Édition (environnement et données chiffrées)

Bourdieu P., « Une révolution conservatrice dans l'édition », *Actes de la Recherche en sciences sociales*, 1999, n° 126-127.

Les Dessous du métier d'éditeur, Paris, Éditions Asfored, 2009.

Eyrolles S., *Les 100 mots de l'édition*, Paris, PUF, coll. « Que sais-je », 2009.

Ministère de la Culture et de la Communication, « *Chiffres clés 2011* », Paris, La Documentation française.

Ministère de la Culture et de la Communication, Observatoire de l'économie du livre, *Le Secteur du livre : chiffres clés 2009-2010* (2011) et *Le secteur du livre : chiffres clés 2010-2011* (2012).

Écriture et publication

Desalmand P., *Guide pratique de l'écrivain*, Paris, Leduc. S Éditions, 2004.

Hache B., *Écrire et trouver ses lecteurs*, Paris, Leduc. S Éditions, 2011.

La Bretesche G. de, Pelissier F., *Comment se faire publier*, Paris, Éditions 365, 2011.

Mayer B., *Écrire un roman et se faire publier*, Paris, Eyrolles, 2008.

Marketing/marketing de l'édition/gestion

Bourgeois L., *Profession artiste, vivre de son art*, Paris, Eyrolles, 2012.

Desaive S., Poggioli N., *Le Marketing du livre. Études et stratégie*, Paris, Éditions du cercle de la librairie, coll. « Pratiques éditoriales », 2006.

Garay R. de, *Art et marketing*, Éditions Ars Vivens, 2008.

Kotler Ph., *Le Marketing selon Kotler,* Paris, Éditions Village mondial, 1999.

Mazel C., *Le Marketing du livre. Quand le nom de l'auteur devient une marque : le cas de la littérature*, mémoire de 4ᵉ année d'IEP, 2008.

Soulié D., Roux D., *Gestion*, Paris, PUF, 1ʳᵉ éd., 1992.

Développement personnel/efficacité professionnelle
Arden P., *Vous pouvez être ce que vous voulez être*, Paris, Éditions Phaidon, 2004.

Deladrière J.-L., Le Bihan F., Mongin P., Rebaud D., *Organisez vos idées avec le mind mapping*, Paris, Dunod, 2004, 2007.

Delengaigne X., Mongin P., *Boostez votre efficacité avec FreeMind, Freeplane et XMind/Bien démarrer avec le Mind Mapping*, Paris, Eyrolles, 2009.

Groff A., Chenevier E., Debois F., *La Boîte à outils de la créativité*, Paris, Dunod, 2011.

James M., Jongeward D., *Naître gagnant*, Paris, InterEditions, 2000.

Seys J.-C., *Gagnants et perdants*, Paris, PUF, 2011.

Table des matières

Troisième partie •
Préparer son projet : l'auteur marketeur

Quatrième partie •
Lancer son projet : l'auteur vendeur